# 国際貿易理論小史

小 林　通

# はしがき

　前著書『国際分業論前史の研究』のはしがきで「本書は，一応従来からの諸研究の到達点であるとともに，また古典派貿易論研究への第1歩としての出発点をなすものである。私の今までの研究活動およびその学問の道程を通じて，今日までに常に念頭を離れない1つの基本的な関心事である国際分業論，また自由貿易論に関する研究であり，元来私が有している研究の1つに過ぎないかもしれない」と述べた。今回上梓した本書は，さらにその段階を1歩前進させ，論理的展開でもより古典派の基本的真髄に接近し，17世紀から18世紀に亘ってのイギリスにおける国際貿易論を取り扱っている。

　古典派経済論以前において，保護貿易政策を国家的な規模で実施した重商主義時代のその理論は，いかにA.スミス，D.リカードウ，J.S.ミルなどにその時代のカオスの中から自由貿易の基本的な命題を提唱し，その理論的基礎と古典派経済学の一連の理論的萌芽を通じてその欠陥を抽出させたのか。さらに言えば，新たな理論構築のためにその遺制の中から教訓や遺産としての諸要素が，どのように継承されてきているのか。本書は，その点を個々の論者の思想を論じながら展開しようとするものである。

　グローバル化が進展してきた中で，ボーダレス・エコノミーとして経済的に国境が薄れる世界は，わが国企業のより一層の海外事業活動を拡大させ，その経営戦略，戦術の転換が計られ，国際的な経済環境の変化とともに，その変容がもたらされた。そのため，現在近隣の東アジアの諸国や地域を中心として，国際的分業体制の形成をさらに一層進展させ，国際協調を維持していくことが必要になってきている。その点では，かかる学説史的研究は，確かに迂回的接近方法であるかも知れない。しかし現在世界は，享受出来るはずの潜在的豊かさが，国民1人1人の生活には反映されず，経済にゆがみが存在している。国際経済，国際貿易を見る眼は，それらの問題をさまざまな角度から多様性をもって接近し分析検証することが重要であり，そうすることが必須となってきているのである。

わが国のように資源の賦存率や食料の自給率が低く，原材料や食料を広く海外に依存している国は，世界的規模で経済政策を実施し，世界貿易活性化の観点から投資，技術交流，産業協力を積極的に推進させていくこと等を企図しなければならない。国際間の相互依存関係は強化され複雑化し，その結果あまりにも複合的な現象が顕在化してきているが，それに対応するには確固たる道具としての理論を持って対応する必要があろう。

　本書がその題名に「小史」を付けた理由は，今後別の機会に古典派の貿易論を１冊としてまとめることを意図しているからである。本書を出版する上で多くの方々から心暖まるご指導や適切な御批評を頂き，心よりお礼申し上げたい。またこのような専門的な書物の出版を快くお引き受けいただいた時潮社社長の相良氏や校正印刷などでお世話いただいた方々にもお礼を申し上げる次第である。なお本書は平成20年度国際関係学部学術論文出版助成金により出版させていただいた。関係者の皆様には心よりお礼を申し上げさせていただきたいと思う。

　平成20年11月13日

小　林　　通

# 目　次

はしがき ……………………………………………………………… 3

## 第1章　L. ロバーツの貿易論 ……………………………………… 9
　　1　はじめに　9
　　2　国富の本質　11
　　3　ロバーツの貿易観　16

## 第2章　W. ペティの貿易論 ………………………………………… 29
　　1　はじめに　29
　　2　ペティの経済的分析手法　31
　　3　一般的経済基調　36
　　4　貿易と国際分業　41

## 第3章　ダニエル・デフォーの貿易論 …………………………… 49
　　1　はじめに　49
　　2　トゥレイドの解釈と意義　50
　　3　外国貿易の本質　57
　　4　植民地貿易論　64
　　5　むすび　68

## 第4章　ジョン・ローの貿易論 …………………………………… 71
　　1　はじめに　71
　　2　貨幣の貿易への影響　72
　　3　外国貿易の役割　80

第5章　リチャード・カンティロンの貿易論 ……………………87
　　　1　はじめに　87
　　　2　一般的経済理論の基調　89
　　　3　貨幣流通量と貨幣数量説　93
　　　4　外国貿易論　99

第6章　ジェイムズ・ステュアートの貿易論 ……………………105
　　　1　はじめに　105
　　　2　『経済学原理』第2編の内容と特徴　108
　　　3　国際分業論　116
　　　4　貿易形態発展論　119

第7章　アダム・スミスの貿易論 ……………………125
　　　1　はじめに　125
　　　2　重商主義の原理批判　128
　　　3　分業の理論　134
　　　4　外国貿易論　139

第8章　D.リカードウの貿易論 ……………………147
　　　1　はじめに　147
　　　2　国際分業による貿易利益　147
　　　3　諸仮定の設定　156
　　　4　穀物の自由貿易　159

第9章　ジェイムズ・ミルの貿易論 ……………………………… 163
　　　1　はじめに　163
　　　2　基礎的理論　165
　　　3　国際分業論　170
　　　4　貿易擁護論　176

第10章　J. S. ミルの国際分業論 ………………………………… 183
　　　1　はじめに　183
　　　2　J. S. ミルの経済基調　184
　　　3　J. S. ミルの貿易論　195

附　章　保護貿易主義の理論的根拠 ……………………………… 201
　　　──イギリス重商主義的思想を中心にして──
　　　1　はじめに　201
　　　2　重商主義的保護貿易政策論　202


　　　　　　　　　　　　　　　　　　　　　　装幀　比賀祐介

# 第1章　L. ロバーツの貿易論

## 1　はじめに

　ルイス・ロバーツ（Lewes Roberts：1596-1640）は，17世紀において重商主義的視点で外国貿易を論じた1人であり，時代的にはトーマス・マンと一致する。L. ロバーツは，その著書"The Treasare of Traffike or a Discourse of Forraigne Trade"[1]において，彼の貿易に関連する議論を展開するが，その場合にどういう視点でそれがなされたのかに関して，さまざまな議論が存在する[2]。ただここでの1つの視点として，T. マンと比較してどう議論を展開するに至ったのか，またその内容を比較して，外国貿易に対する彼のとらえ方について検討することにしたい。

　L. ロバーツは，その著書"To the Reader"において，「イギリスの貿易はイギリスの財宝である[3]」と述べ，そのため，それに直接従事する思慮ある商人は，「信心深い神学者，勇敢な軍人，有能な弁護士などと同様に，その労働を自分自身の利益のために用いるのであるが，しかしながら，すべてのその行動においては，その君主，国家，同胞の利益のために労働する[4]」ことが必要となるのであると捉える。すなわち，彼によれば，「何人も自分自身のために生まれるのではなく，その国のために生まれてきたのである[5]」から，当然国家の利益のためにその行動を遂行することになる。この展開は，T. マンの商人によってイギリスの財宝（富）が増加し，維持されることをロバーツは彼の理論の根底において考えていることを意味する。

　すなわち，ロバーツは次のように言及する。「通商によって故国を拡大させ，利益させ，それとともに，商人の促進を計ろうとする私の願いと祈りとが，略述的な小論として，熟練した商人とよく秩序立てられ，規律ある貿易と商業とによって，1国に生ずる商品のことを考えさせ，それとともにいか

にして，この商業が助長され，またいかにして妨害されるのか，どのようにして増加されるのか，またどのようにして破滅させられるのか，どのようにしてそのすぐれた運営によって，それが1国にとって有利となり，名誉であるかを示すことができるのか。そしてどのようにしてその運営の悪さと，不規律な方針によれば，商業が有害となり，不名誉なものとなってしまうのかを考察するものである」と述べている。

特に東インド会社の理事であったロバーツは，本書のタイトル部分の最後の文章で，"Dedicated to the High Court of Parlament now assembled"と現下に召集されていた議会に対して，本書を献呈しているという事情の中で，東インド会社が，イギリス王室，王国のために，1600年創設以来40年間の間，尽くしてきたことを挙げ，さらに今後議会による保護，援助がなければここ数年の間に会社は衰退し，破産することになるだろうとの考えを提示したものと思われる。そのためこの考えを基礎としてロバーツは，本書の執筆に当たったと思われる。すなわち，商人として，特に東インド会社の役員として王国のために尽くして来た点を再認識して，今まで以上の庇護と援助を求めることを主眼としたのである。

(注)
1) 本書の原名は，正式には次の通りである。"*The Treasure of Traffike or a Discourse of Forraigne Trade, wherein is showed the benefit and commoditie arising to a commonwealth or Kingdome, by the skillfull Merchant, and by a well ordered Commerce and regilar Traffike Dedicated to the High Court of Parlament now assembled,*" London, 1641: in McCulloch, J. R. (ed.). "*A Select Collection of Early English Tracts on Commerce,*" 1856, pp. 49–113. またロバーツは，"*The Merchant's Mappe of Commerce; Wherein the Vniversall Manner and Manner and Matter of Trade is compendiously haded. & c.*" 1638. (『商業地誌』) があり，シュムペーターなどは，この書の方をロバーツの本著作としてとり挙げている。
2) 西村孝夫 『キャリコ論争史の研究』 風間書房 昭和42年 152頁参照。
3) L. Roberts, *op. cit.*, p. 54.
4) *Ibid.*, p. 57.

5) *Ibid.,* p. 57.
6) *Ibid.,* p. 59.
7) *Ibid.,* p. 52. ロバーツに関する論文，資料として相見志郎「ルイス・ロバーツの『外国貿易論について』」『経済学論叢』同志社大学　第4巻第4号　昭和28年2月　高橋誠一郎『古版西洋経済書解題』慶應出版社　昭和18年　などがあり非常に啓発された。

## 2　国富の本質

　国富の本質が何であるかは，この時代が実物経済社会から貨幣経済社会に急速に移行してきたことによって，益々その本質が論ぜられるようになった。T. マンがそうであったように，L. ロバーツもそれに劣らず富の概念が何であるかに言及し，王国を富ませる方策について論じている。

　まず最初に彼は王国を富ませる方策として次の3つを提言する。これらは，この時代的背景からすれば，当然思料できるものであるかもしれないが，それを系統的に展開している。すなわち，「その第1は，武力と征服 (arms and conquest) である。しかし，これは費用がかかりすぎ，血なまぐさい，また危険を冒すことになることを認めなければならないことになる。第2は，植民地の建設，立地条件のよい都市の建設，そしてそれと類似した方法 (planting of colonies, building of well scituated Townes, and the like) である。しかしこの方策もまた確実性が乏しく，費用もかかり，時間がかかることが考えられる。最後は第3のもの，すなわち通商および外国貿易 (traffike, and forraigne trade) である。この方策は，王国を富裕させる方法として最も確実で容易なものであり，また最も迅速な方法であると考えられる。前者2つは，それを遂行させるためには，金と時間を消費しなければならないが，第3の方策は，商人への免除や特権や自由を与えることによって，確実になる方法であり，王国を富ませ，それを完成させることになるだろう[1]」と論ずる。

　そして，このように国富増進策として通商，外国貿易を最上のものとし取りあげた後，これらを遂行させるためにその重要な要素として商人の存在が

必要であると考える。すなわち,「われわれの救いが疑わしく思われる時には,われわれは,専ら学識ある神学者に教えを請い,わが国土が侵略される時には,軍人が最上の指導者である。また法律が制定される時には,法律家が最良の相談役であることを示すことになる。このように,1国が通商に適するに値する地位を占め,君主が進んで外国貿易によって,その王国を富裕にさせようとする場合には,商人の助言は,最もそれをよく推進し,増大させることができることは疑いの余地はない[2]」と論ずる。

事実,ロバーツが商人であったことを踏まえて,その職業の重要性を指摘し,その地位の高さを評価するが,それには制約があり,それより上における君主の力が常に必要となり,また,その力が極めて大きな比重を占めていることを認識して,そのため,君主は,思慮ある行為をはたすことによって,王国の富は必ず増進すると考える。例えば,ロバーツは,「王国を富ますことは,非常に卓越した仕事であり,君主においては最も適した価値ある研究である[3]」と述べ,さらに数多くの国富を増大させる方策が同時に起こった時などには,その中から最も簡単な方法を選び,後世のことも考慮しなければならないのである。そして,事実,ヘンリー8世は,7世の,またそれ以前の王や君主たちの富を享受してきたのであり,イギリスの歴史を通してみれば,実際に採用されてきたさまざまな方法について言及した。そして,ロバーツの挙げた歴史上のその具体的な方法は,第1は,イギリス製羊毛の輸出禁止,第2は,イギリスの地における羊毛工場の設置,第3には,フランダース人(Flemings)の誘致,第4にはエドワード6世統治下のステープル貿易都市(Staple of Trade)などであったと[4]。

ロバーツによれば,この様に外国貿易をして初めて1国を富ますことができるのであって,他に何ら方法はないことを指摘する。すなわち,「統計家によれば,国家にとって余裕があり,有利であって,したがって特別に君主自身のみに対してだけではなく,一般的にその人民と国家に対しても,富を生じさせる技術やわざは,非常に数多く存在することを指摘しているが,しかしとりわけ,彼らは,通商と商業,特にこれらが,よく秩序立てられた規律と規律正しく熟練した商人とによって運営され,管理される場合には,そ

第1章　L. ロバーツの貿易論　13

れ以上にそれに資するものは,他には何もないことを認めている」[5]のである。このことを根拠として,ロバーツは,彼自身の主張を裏打ちするものとして,それをとり上げているのである。

　一国の富を増大させる手段として,外国貿易が存在するならば,それではその富の源泉なり,その本質は,一体何であるのか。ロバーツは,それを次の3つのものから成ると論ずる。それによれば,1つ目は,「自然的財貨 (naturall commodities or wares)」であり,2つ目は,「人工的財貨 (artifical commodities or wares)」であり,3つ目は,「商業と貿易とによる有利な使用と分配 (the profitable use and distribution of both by Commerce and Traffike)」とを挙げている[6]。これらを源泉として,どのような場合にも,貿易によって王国の富は増大し,それが達せられるのであると考える。そしてこれらのそれぞれについて,さらに言及していくと,第1の「自然的財貨」について次の2つのものを挙げることができる。その1は,「商業という方法で使用されるような財貨」であり,もう1つは,「土地が自然的に,また独創的に提供する財貨,あるいは土地の働きによってもたらされる財貨」である。すなわち,土地はそれ自体2種類の自然的財貨を生み出すものと考えられ,それぞれ,「地中から産出される財貨（金,銀,銅,鉛のような物）」と「地表で成長する財貨（果物,樹木,穀物などのような物）」を挙げ,ロバーツは,これらを気候,土壌,あるいは地熱 (temperature of the earth) の恵みによって生み出されたものとして,「自然的財貨」と名付けている[7]。

　それでは,一体どのようにして「自然的財貨」が一国を富裕にさせることができる様になるのだろうかという核心に言及する。彼の見解によれば,「このように,自然的財貨は,自然的に人民の利益と使用に,また全般的な商業の促進に資する商業と通商によって1国を富ますことができる。通商もなく,またそれが欠乏しているその他の国に輸送されることもない多くの財貨は,全く無益であり不必要であり,恐らくは,その所有者たちにとっては有害である」[8]として,「自然的財貨」は通商の助けがなければ,1国にとって不利益となることを,インド王国を例にとって述べている。またロバーツは,「自然的財貨に関して見れば,土地は,自然的にすべてのその他のもの

の中で，最も豊富に，また最も貴重な財貨を生み出し，またそれは，正に世界のすべての富と豊富の源泉であり，母である」との考えを述べ，土地の利益が，無視されてはならないことを提言すると同時に要請している。そのため，最後に土地の恵みや肥沃さとが，自然的にあるいは労働によって，人類にどれだけのものを生み出し，与えようとも，すべてこれらは，それ自体においては人民を富裕にするものではなく，しかもそれを外国に分配し，そして，外国住民と交換することによって，この国の自然的恩恵を，そこに土地を所有し，居住し，定住している人々の共通の利益と豊富とに替える商業と通商の恩恵がなければ，王国あるいは領地に豊富をもたらすものではないことを断言している。

 2つ目の「人工的財貨」に関して，ロバーツは，その内容とする所を次のように述べている。それによれば，「1国の人工的財貨とはすべての製造された財貨である」とし，その場合，一般的貿易と王国の利益とに資する主要な2つのことが考慮されるべきであるとして列挙する。すなわち，第1は職人あるいは親方の人数である。すなわち，これは最初に加工物の豊富を与える。また第2には，彼らの能力，技術，熟練である。すなわち，これは織物，製造品，そしてこの様に加工され，完成した商品に真の信用を与えるのであるとの見解を展開する。もちろん，その点，不熟練工に関しては，このようにはいかないことも考慮している。すなわち，「あらゆる製造所における，あまりにも多すぎる職人は，もし彼らがその技術，手工において巧みでなく，熟達もせず，不熟練であるならば，それ自身は，商業にとって不利であるのみならず，有害になるであろう」と考え，これらを改善するために，能力ある熟練工を育成することが必要であると考える。そして，ロバーツは，ドイツが行っているような方式を模倣し，各種の組合や，公共施設を設立して，それに大きな免除と特権を与え，熟練工を養成し，技術を向上させるように提案するのである。

 ただここで問題となる点があるが，それは，自然的財貨がそうであったように，この人工的財貨もまた，いくら人工的財貨が1国を富裕にするものだとしても，通商の助けがなければ，王国の富を増大させることはできないと

いうことである。すなわち，数多くの能力ある熟練労働者も，王国において製造されて，豊富に存在する多量の良質で重要な製造品も，商業の援助がないとすれば，その国を十分に，また完全に富裕にし，豊富をもたらすことも不可能であることが認識されなければならないのである。換言すれば，もし商業というものの助けがなければ，人工的財貨の貯蔵と数量の内から，その国が必要とする以上の余剰部分を海外に輸出し，販売し，その代わりにその国が，必要とする財貨を交換として輸入し，手に入れる手段はないことになる。商業を手段として，職人は奨励され，また製造品は王国の名誉，住民の利益，その一般的商業と通商の促進と拡大のために，その実質的品質，値打ち，価値において維持されるからであると思料する。[14]

そのため，1国の自然的財貨と人工的財貨は，それがいかに豊富で貴重であり，多量にして優秀なものであっても貿易の助けがなければ，それだけでは1国に利益をもたらし，従って，1国を富裕にすることはできないことになる。

（注）
1) L. Roberts, *op. cit.*, p. 58.
2) *Ibid.*, p. 58.
3) *Ibid.*, p. 58.
4) *Ibid.*, pp. 58–59.
5) *Ibid.*, pp. 59–60.
6) *Ibid.*, p. 60.
7) *Ibid.*, p. 60.
8) *Ibid.*, p. 61.
9) *Ibid.*, p. 61.
10) *Ibid.*, p. 63.
11) *Ibid.*, p. 63.
12) *Ibid.*, p. 63.
13) *Ibid.*, pp. 63–64.
14) *Ibid.*, pp. 64–65.

## 3 ロバーツの貿易観

　ロバーツにおいて，貿易より生ずる1国の富の増大の第3番目に指摘された商業と通商とによる，有利な使用と分配について言及してみよう。前者2つと同様，いずれの場合においても，貿易の助けが必要であり，これによってのみ，不毛の王国においてすら富をもたらすのである。しかしこの貿易を実行し，維持し，それを促進させるためには，どのような条件が，考慮されなければならないのか。その点について，ロバーツは次の4つのことを思考することであるとし，順次それに関して言及し，展開している。

　それによれば，「第1に考慮すべきことは，十分に秩序立てられた貿易というものが，外国，あるいは外国人にどのような財貨を輸出すべきであり，また輸出すべきでないのかという点に基づいていること。第2には，この貿易は，外国人や外国から受け取らなければならない財貨，また王国や領土の輸出しなければならない財貨，あるいは受取るべきでない財貨，また商業をだめにしてしまう財貨，という点に基づいて，考慮されねばならないこと。第3には，諸外国の慣習によってまとめられ，また貿易を増大する手段をもつけ加えて，何が，この全般的商業を促進させ，容易にさせるのかについて考慮されねばならないこと。第4には，秩序正しく，規律的に行われ，訓練され，熟達した分別のある商人によって行われる王国や領土に，この貿易一般がもたらす財貨や便益に関して考慮されねばならないこと[1)]」などを列挙する。漸次これら4つの考慮すべき点について論じてみよう。

(1) 輸出されるべき財貨と輸出せざる財貨

　ロバーツによれば，一般的に言ってほとんどの国々において，上記の題目に関して，次のいくつかが考慮されることが必要であろうと考える。すなわち，その1つは，その国（the place）が，それ自体豊富に存在する財貨で，すなわち，それは輸出された後でもその国が十分に供給されうる財貨であり，それだけが商品として輸出されるというものである。2つには，その国が欠乏している財貨，あるいはその国が必要としている財貨は，輸出されるべく

許可されるべきではないというものであり，3つには，外国（forraigne parts）が，われわれの居住する国に損害を与えるために使用するかもしれない財貨——武器，馬，食料，弾薬，あるいは海事や戦争のために用いられる事物，あるいはそのような物——を輸出されるべきではないということである。

さらにロバーツは，金，銀の輸出に関して述べている。当時一般的には，実物経済社会から急速な貨幣経済社会の展開の結果，これらの交換手段となる金，銀は，いわゆる貨幣として，またそれは富の源泉としてとらえられていた訳であり，これに対する考え方には重大な側面がある。彼は，金，銀の輸出に関して，例えば，ある国ではその輸出は禁止され，他の国々では許可されたり，寛大であったり，国によって異なるのが実情であった。そのため金，銀の輸出が禁止される場合，一体その理由は，何であるのかを検証することが必要となってくる。

ロバーツが，その1つの理由として挙げているのは，金，銀が常にすべての国々に埋蔵され，採掘されるとは限らないので，稀少なものとなっているとする。またそれらは，すべての君主に対しては引っぱりだこであり，金，銀の埋蔵されない国々では，金，銀は一種の外国財貨に等しく，場合によっては，その他の財貨に優るものであると思われており，そのため，一旦それを王国が入手した場合，君主はその輸出や流出に対しては禁止するのである。また，ある国や自由都市においては，金，銀の輸出が，自由に許可されており，また君主によって金，銀の流出が，公に許されていることもある。その場合，そこには何らの金，銀の不足や枯渇があるわけではなく，その反対に豊富に存在しているのであると思考する。

今，2国の場合を例としてとりあげ，金銀の輸出や国外への流出が，1国にとって有害とは言えないとするロバーツは，彼の主張を，時系列的に証明しようとする。1つには金，銀が豊富に埋蔵され，採掘される大国があり，その国では，それを輸出することが禁止されている（もちろん，彼は具体的には豊富な銀，金山を所有するスペインを考えていた）。またもう1国は，小さな公国であり，そこでは，その君主は銀鉱，金鉱を全く所有していないが，しか

し，金，銀の輸出は公に許可されているという見解を述べる。[4]

　そして，さらにロバーツは，もっと具体的な例証を提示すべく，前者にスペインを後者にフローレンス（Florence）をあてはめて，彼の主張を強固なものとしている。彼によれば，スペイン王国は，西インド諸島には豊富な金鉱，銀鉱を有し，世界中いたる所にそれを所有していたが，そのすべての領地において，他の国々への貨幣（金，銀）の輸出を法的に厳しく禁止していたが，その君主の大きな，野心的な企てや，その不毛で貧しいスペイン国の商業の切迫さによって，金，銀は，国外に流出せざるを得なかった。[5]

　それとは反対にフローレンスの君主は，小国の領主であり，金，銀鉱は全く存在していないが，これら金，銀の輸出を公に禁止することはしないで，自由にした。それにもかかわらず，その領地では金，銀が不足するどころか，豊富になったのである。すなわちそれは，金銀の輸出の自由と商品の自由という両方によって，多くの金，銀をもたらされたのである。またそれは，スペインが，自然において肥沃ではなく，トスカニー（Tuscanie）の自然の肥沃度が高いという理由でもたらされた訳ではないのである。[6]

　ポルトガルが，その幸運な東インド貿易を発見し，行動したように，スペインもそれに加わって貿易を営み，例えば，両国が西インド貿易を営む場合，西インド貿易からは東インド貿易との交換のために貨幣を入手し，東インド貿易からは，西インド貿易を営む上で，ヨーロッパの種々さまざまな必要な商品を入手しなければならないため，価値あるスパイスや薬品を提供し，さらにその上その金，銀の輸出を厳しく禁止しているにもかかわらず，まだこの国王は，貨幣（金，銀）に対して多くを必要とし，不足しているのである。確かにトスカニーは，自然的な土地の肥沃度が高いが，本来その領地の富裕と富は，その国の貿易やその最良の運営，商業の形態，住民の勤勉さなどによってもたらされるものである。そして，貿易が営まれる場合，これに関して次の3つの規則を条件として実行するとすれば，貿易は促進され，繁栄するとしている。すなわち，(a)自由で公的な貨幣の輸出を許可すること。(b)君主に対して支払われるすべての財貨は低関税であること。(c)公国内における鋳貨の品質のよさとその実質価値を保持することを挙げている。この見解に

関して,T.マン[8]との比較においても,十分に商業および通商に対するロバーツの主張が表現されている。

その上でロバーツは,貨幣の輸出禁止が,それ自体金,銀を欠乏させるものではなく,また貨幣を豊富にするものでもないとし,さらに付け加えて,王国において1商品が輸出禁止であり,他の王国ではそれが許可され,認められていることを指摘し,若干の特別な商品の輸出禁止について,その理由は様々にあるが,実際において,守ることは不可能であり,輸出禁止された商品に関しては,一般的な規則が考慮されるべきであるとするのである[9]。

例えば,この点を輸出を禁止すべきことになる人工的商品として,毛織物を挙げて説明している。毛織物は,羊毛が毛織物に加工されるまで,またしかも毛織物に加工されても,仕立て,染色等によって十分に完成されるまで,輸出は禁止されるべきであるとする。というのは,このように労働手段が職人や工員(彼らは確かにその生活資料と原料それ自体の原価を越え,製品を加工したり製造するのであるが)から奪い取られ,それによって,彼らの生活上の手段が完全に奪われ,そのため,商業の十分な進展と助力が,この場合さえぎられ,阻止されてしまうからである[10]。この点に関して言えば,ロバーツは正にT.マンと同様貿易差額説の本質を論じて,さらにバランス・オブ・レイバー論を展開することになる。

すなわち,この点は2,3の君主によってかなり念入りに監視され,また非常に注意深く調べられており,君主たちは,自国内において産出される原料では満足できず,すべての努力を払って,彼らの臣下を雇用し,その人々に仕事を与えるために,隣国あるいは外国からその他の原料を引き寄せようとするのである。そしてこの手段によって,君主自身を大いに富裕にさせ,彼らの王国を名誉な国とし,また公の通商に対してより大きな援助を与える。すなわち,一度加工されたものを,当該製造品のまず最初の原料を何度も販売し,供給した国々に対してさえも販売していくのである[11]。この実際の例として多くの国々が見出せるとする。例えば,フローレンスの絹製品,オランダ(スペインとの最近の戦争前)の毛織物製品,イギリス・ランカシャ州のマンチェスターのリンネル製品を挙げることができる」として[12],バランス・オ

ブ・トゥレイド論の真髄に接近し，それについて論じている。

　換言すれば，他国からの原料，半製品を輸入し，それを国内の労働力を使用して，加工し，そこにさらに付加価値をつけた製品として製造し，その上でまた原料，半製品を供給した国々にその製品を販売し，利益を得るとするものである。すなわち，一旦原料，半製品を購入するために金，銀等いわゆる貨幣が外国へ流出したとしても，この付加価値の付いた製品を輸出することによって，それ以上の利益を手に入れることができるとする見解である。ロバーツの考えは，トーマス・マンと同様に1つの取引において輸入が輸出超過となったとしても，イギリス全体の貿易で輸出が輸入を超えたバランスを常に採っておくことによって，全体的な利益を獲得することになればよいとする思考である。

　このように製品の原料の獲得に熱心であることは，躊躇(ちゅうちょ)しないが，場合によっては例えば，国産品の輸出が，その国にとって非常に重要な影響を及ぼし，外国製品との競合で不利になるような時など[13]，国産品のその諸税を低率として，その輸出を容易にし，逆に外国の奢侈品に対しては諸税を高率として，その輸入をおさえ国産品の製造を奨励して，国内の雇用機会を高める必要が当然のように考えられる[14]。そして，さらにトルコ貿易について説明を加えて，その点を一層展開している。ロバーツにおいては，ここでは第1に最も有用であり，原産地のすぐれた製品が，まず最初に選別されるべきであり，またできるだけ多く国内において加工され，織物に完成され，一部分として原料それ自体に対する消費を与え，また一部分として貧しい職人に国内にて労働させ，しかも主としてこの王国の一般的商業を助長し，輸出されたイギリスの毛織物に対して価値ある報酬を援助するようにされるべきであると結論する[15]。

(2) 輸入されるべき財貨と輸入せざる財貨

　第1番目の考慮すべき問題は，よく秩序立てられた貿易のかなりの利益は，王国からどのような財貨を輸出すべきであり，また輸出すべきでないのかということに基づいてなされていた。しかし，第2番目の考慮すべき問題は，

どのような財貨が，よく秩序立った貿易と商業との制限によって，1国に輸入されるべきか，また輸入されてはならないのかに関して行われるものである[16]。

ロバーツによれば，「若干の洞察力に富む政治家によれば，君主は，もちろん（それが）しばしば貿易業者と商人などを富裕にさせるためのものであるが，王国を困窮させることになる主なる手段としての放蕩，あるいは奢侈になりがちなすべての財貨，すなわち，必要とか使用に迫られてというよりも，自慢とか誇示するなどのために，提供される高価な宝石，珠玉，優雅な香水，高価な不必要なスパイスやぜい沢な織物を，商業によって輸入することを禁止すべき点である」と，述べていることを挙げ[17]，彼自身もそのように考える。もちろん，さらにロバーツは奢侈品に対する人々の関心は，習慣上仕方がないことでもあり，その場合は輸入を禁止するというよりも，重い関税を課すことの方が，良策であると捉える。その理由は，君主が関税収入を得たり，人々が高価過ぎてその商品に手が出ないということが出てくるからであると考える。

次に，彼は最も有用であると思われる財貨，その国および住民が，望んでおり，必要視され，有用となる財貨などは，最もよく輸入されるべきであると考える。そして具体的に穀物，バター，チーズ，そしてすべての食料品はどこにおいても自由に輸入され，さらにその上にトスカニーやスペインなどにおいてのように，国税などの諸税を課税すべきではないとの見解を持つことになる。またさらに輸入されるべき財貨として，彼が列挙している物に，例えば，馬，兵器，火薬，大砲，小銃，弾丸，導火線のように国家の防衛とその敵への攻撃のためのすべての兵器，軍需品と，そしてまた板材（Planks），材木，マスト，ピッチ，索條，鉄，帆布などのように航海用資材として用いられるすべての財貨とがある[18]。さらにその上，輸入されるべき財貨として，リンネル，毛織物，絹織物などのあらゆる種類の織物を製造することによって，貧しい者，富める者も労働させるようなすべての財貨，すなわち，綿花，羊毛，絹糸（Grograme-yarne），生糸，よられた生糸（Throwne）などを列挙している。そしてこれらの財貨に関して，時には君主がかれ自身の判断によ

ってある程度その輸入において制限を行うことが必要となる。その理由は，奨励や免除によって商人が最初の原料，例えば，綿花をもち込むことであれば，その場合，綿糸の輸入は禁止されてもよいはずである。というのは，それによって，貧民の人々の労働が，一部でも奪われてしまうからであると述べ，原材料の輸入をすることによって，国内での付加価値のついた製品を生産して，輸出することによって得られる富と国内での雇用機会の創造による所得の増加という二面性が，ロバーツの理論の根底に存在することになる。

第3の考慮すべき問題，すなわち貿易や通商を営む場合，貿易の促進や増大のために，それを容易に行えることに関する事柄である。この点に関してロバーツは，ベネチア政府，トスカニー公爵，狡猾なオランダ人，勤勉なハンザ同盟などがすでに実行したもの，すなわち一般に貿易を容易にして，しかもそれを増大させる上で最も役立ち，われわれが実行してもよい手段として，次の19の方法を挙げて，それに関して論及している。それによれば，

(1) あらゆる手段によって，陸，水の両方による財貨の便利な輸送を促進すること。

(2) 諸公や隣接する国境の指揮官が，河川，橋梁，道路など諸種のもので運搬する財貨に対して，種々の通行税を課さないこと。これは，公の通商を妨害し，あるいは一国の一般的な貿易において負担になるであろう。

(3) 海上，河川より王国の一般的な通商の主なる破壊者であり，都市や国の海運や貿易を転覆させる者であるすべての海賊や盗賊を一掃すること。

(4) 海賊から港湾，入江，道路などを保護し，要塞や不可欠な場所を維持し，被追跡者を保護し，追跡者を攻撃し，波止場や停泊港などのような場所を保持し，航海者の安全のために，信号灯，監視塔，灯台，海標および浮標を設定し，維持すること。

(5) 盗賊などから陸路や通路の自由や安全を維持すること。土手道，高速道路，朽ちた橋梁を修理すること。運搬される人，家畜の安全，休息のために旅館や安全な場所などを建築すること。容易に安価に利用せしめ，通行者に対して必要なすべての物が容易に入手出来るようにすること。

(6) 陸上には宿場，駅馬を，海上には郵便船を，また郵便を運送する人々

などを特権と適当な給料とをもって維持すること。
(7) 貿易の自由を妨害するような個人への何らかの独占，特許許可を廃止すること。そしてもとこのように独占，特許などが与えられるようなことが発見された場合には厳格に処罰すること。
(8) われわれがその国自体どうしても入手できない必要となる財貨を，またその国自体に利益をもたらしたり，その国の国防に必要な財貨をもたらし，輸入させるように特権を与えて，勤勉な外国人や商人を呼びよせること。
(9) すべての財貨に課せられた重関税など，また少なくとも臣民の財貨，すべての必要で有用な財貨に課せられた重税を廃止すること。そしてもしそれが君主に有利な状態にならないならば，少なくとも一般貿易や国の通商を阻止しないように課せられること。
(10) 商取引業務や航海者に関する法事法や条令を制定すること。
(11) 商事裁判所を設置することと，商人間の貿易上の争いを簡素にして迅速に判決を下すこと。
(12) 財貨の物々交換は，すべての財貨において確かな相場がなくてはならない。また数カ国の異なった国との取引で君主の通貨を用いることは必要なことである。そのため，その通貨価値を，確実にして不変，不動にして優良に保持すること。そうでなければ，王国の一般的貿易に混乱が生じてしまうことになる。
(13) ある無知な国々では，商人と貿易とは低く見られているが，商人はすべてを国家の利益のために自分を犠牲にすることができ，また貿易という業務は，一国にとっては最も利益をもたらすことになるから，商人に対して栄誉を与えること。
(14) 海上損害補償局（Assurance Office）を設置すること。
(15) 一国と外国との貿易と通商とを安定化させる唯一の方法は，海上貿易を行う商人をそれぞれ別々に貿易を行わせずに，組合または会社に統合して遂行させること。
(16) いくつかの王国の貿易を促進させるためには，多額の貨幣が君主の金

庫から，あるいは共同金庫（Common Treasurie）から，無償もしくは低率と担保で熟練した商人に貸与すること。これによって，貿易が促進される結果，君主の関税収入が増加するので，貧民は仕事を与えられ，国産品が世界中に販売されることになる。

(17) 王国の貿易を促進するためには，2, 3の国々で用いられているように，貨幣の代わりに債務証書（Bills of Debt）をある人から他の人へ移転を認めること。これによって君主の関税は増加し，流通資金が増大し，通商が迅速になる。

(18) 貧者が貿易を行う能力が欠けており，富者はその財産を外国貿易にあえて危険を冒すことをしない所では，君主が範を示すことによって，その国の一般的な貿易と通商とを主に促進させること。

(19) 従来通商が存在しない所との通商を設定するためにはステープル貿易市場（Staple of Trade）を設置することによって，通商の自由を認め，特権を与え，関税を低くすること。[20]

ロバーツは，貿易を促進させ，増大させる方法として，以上19の手段をとりあげた。そして，この中でも特に貿易市場に関連して，その重要性と内容について詳細に論述している。

最後に第4番目に考慮すべき問題として，ロバーツがとり上げた「秩序立った，規律正しく行われた貿易の利益についての事柄である。彼によれば，ここで示そうとしたことは，次のようなことであるとして言及する。すなわち，「1国の貿易の主たる促進者として，また一旦，貿易が確保された時，それを保持する唯一の方法は，君主の権限によって，ある選ばれた一定数の有能で思慮に富んだ商人たちを任命して，これに権力と十分な特権とを与え，貿易の不秩序と不正な貿易者を吟味し，これによって君主，国家，臣民の利益と幸福とに一致するような秩序と組織を形成することである」[22]としている。彼の見解では，ある特定の商人に対して，権限や資格を与え，特権的商人として一国の，君主の富の増大に寄与させることを進めることであった。

そして，彼ら，国家的商人（States-Merchants）や商人政治家（Merchants-States-men）によってもたらされた利益を列挙すれば，その数に余裕がない

として次の19のものを論述し，説明するのである。それによれば，

(1) 外国との貿易を営むすべての国々の富と福祉は，主に規則的秩序と商人的規律によって促進されるものである。君主からこの目的のために機能を与えられた，思慮分別のある商人による方が単なる政治家によるよりも，商業を拡大させ，またそれがよく秩序立てられ，規律正しくされることによって，国富と福祉をよりよく増大せしめるのである。

(2) 国の造幣局への地金の輸入，あるいは，その国から国外への鋳貨の輸出は，貿易を通じて，その貿易の障害や防止策などの事情に精通している商人によって，よりよく予見され，阻止されることができる。

(3) この種の分別ある商人は，自国財貨を過少に評価し，外国財貨を過大に評価することが，その国にとって不利益であり，その原因をよりよく知悉して，これによりよく対処することができる。

(4) その貿易の事情によりよく精通している適任である，この種の分別ある商人によって，なんらかの新しい創意，新植民地，新たな通商の発見による貿易の拡大がよりよく促進される。

(5) 商人の財貨へ高率の関税などを課すことは，1国の貿易を減少させ，低率の関税は，それを増大させる。この種の思慮に富んだ商人は，どの財貨に重税を課し，どの財貨に軽い関税を課したらよいかを，単なる政治家は知らないが，商人たちは，よりよく熟知している。

(6) 国家的商人（States-Merchants）によって，国産品の製造や輸入した外国原料の加工において，1国の貧民がより多く雇用される。

(7) 衰退した港町に，1国の住民，船員，船舶がよりよく供給されること，必要な援助が与えられることにより，単なる政治家によるよりも商人によって有利な貿易が営まれる。

(8) 分別ある商人は，安価な値段で飢饉時においてまでも絶えず国家に穀物を供給することができる。これがなされないと，かつて何年か前，大飢饉が起こった時イングランドの地金がオランダ人によって持ち去られたように，本国のすべての港から地金が流出するものである。国家的商人は，単なる政治家よりもこの間の事情をよりよく処理できる。

(9)　1国において最も適当なる地に貿易市場，すなわち貿易の自由地を設立すること，そしてこれに種々の特権を付与することは，貿易を促進するものである。

(10)　分別ある商人の知恵は，武器よりもすぐれており，それによって貿易を通じて敵国を微弱にさせることができる。

(11)　外国の君主と平和条約を締結する場合，あるいは連盟や和親を結ぶ場合，分別ある商人は，最もよく貿易を促進する条件を君主に進言することができる。

(12)　何年間も外国に住み，また事業のため外国に事務所を所有している商人は，それを通じて外国の事情によく精通している。

(13)　その王国には，鋳貨の輸出なくしては，行うことができない若干の貿易がある。そうした貿易があることを分別ある商人は，その間の事情によりよく熟知しており，抑えることができる。

(14)　1国の鋳貨の輸出なしには成立しえない若干の貿易があり，しかも，これによって生ずる損失を補って余りある有利な貿易がある。こうした貿易は，他の貿易以上に奨励されるべきものである。商人はこうした事情をよく知っているのである。

(15)　商人は，1王国において制定されたどのような法令や条令が，貿易を促進させ拡大させるか，またどのようなものが貿易に損害を与えるのか，また彼が居住する国にとって，どのような法令や条令が外国において制定されているか。そしていかにしてそれに対抗しえる法令や規則によってこれに対処し得るかを知っている。

(16)　商人は，外国との貿易によって，外国の君主がその領土内において，どのような財貨に，またどのような国民に知恵を与えて，商人の居住する国家の不利益をもたらすのかを知っており，短期間内にそれを防止し，除去することができる。

(17)　商人は，どのような財貨が他国から引き出されて自国の利益となるのか，どのような財貨が自国から持ち出されて，他国の利益となり，自国に損害を与えるのかを知っている。

(18) 商人は，自国内で加工される製造品のための原料を輸入することによって，貧民を労働させ，またさらに外国を旅行して他国の有利な財貨を自国に移植することによって，自国を利することができる。

(19) 商人は，外国においてどのような条令が自国の航海を妨害し，海運を減少させるべく制定されているのか，並びに徐々に自国の航海や海運を没落させ，破壊させるような国内の命令や禁止令などを，よく熟知することによって単なる政治家よりもより有効に国家の一般的貿易を管理することができるのである。[21]

このように，ロバーツは19の貿易の利益を増大させる手段を列挙した。そして，これによって，貿易が秩序立てられ，規律正しく行われ，そこによく訓練され，熟達され，分別ある思慮に富んだ商人が，加わって営まれたならば，必ずや王国や君主の領地に多くの利益，便益をもたらすことを提言している。

(注)
1) L. Roberts, *op. cit.*, p. 66.
2) Cf., *Ibid.*, p. 66.
3) Cf., *Ibid.*, p. 67.
4) Cf., *Ibid.*, p. 68.
5) Cf., *Ibid.*, p. 68.
6) Cf., *Ibid.*, p. 69.
7) Cf., *Ibid.*, p. 70.
8) 拙著『国際分業論前史の研究』時潮社　平成9年　48-50頁参照。
9) Cf., L. Roberts, *op. cit.*, p. 71.
10) *Ibid.*, p. 72.
11) *Ibid.*, p. 73.
12) *Ibid.*, p. 73.
13) *Ibid.*, p. 74.
14) *Ibid.*, pp. 76-77.
15) *Ibid.*, pp. 74-75.
16) *Ibid.*, p. 76.

17) *Ibid.*, p. 76.
18) *Ibid.*, p. 77.
19) *Ibid.*, pp. 77−78.
20) *Ibid.*, pp. 79−88.
21) *Ibid.*, pp. 88−93.
22) *Ibid.*, pp. 93−94.
23) *Ibid.*, pp. 94−99.

# 第2章　W. ペティの貿易論

## 1　はじめに

　かの有名な重農主義者であったフランソワ・ケネーが，ルイ15世の寵妃であるマダム・ポンパドゥールの侍医であったことは余りにも有名なことであるが，W. ペティ（Sir William Petty：1623-1687）もまた一度は医者としてクロムウェル家の侍医として活躍していた事があるとされている。さらに彼の生い立ちからその後の多くの経歴は，彼の人生においてだけではなく，その経済理論の上でも幅広く，特異的な様相を呈していると思われる。彼の生きていた17世紀の英国に於ける大きな政治的経済的問題は，国家の財政的問題の解決であった。すなわち国王の収入がいかにしたら豊かに齎されるのか，また国家の経費は，どのようにしたら削減できるのであろうかという抽象的理論よりもむしろ現実的な方策が求められていた時代であった。

　ペティは，経験論的認識の立場から現実社会の経済問題を分析することから自分の思考を固めていった。その方法論は，主として統計的数字を用いてのより具体的方法であった。すなわち，「私がこのことを行なう場合に採用する方法は，現在の所余りありふれたものではない。というのは，私は，比較級や最上級の言葉を用いたり，思弁的な議論をする代わりに（私がずっと以前から狙い定めていた政治算術《the Political A‖rithmetick》の1つの見本として），自分の言わんとするところを**数**（Number）・**重量**（Weight）または**尺度**（Measure）を用いて表現し，感覚に訴える議論のみを用い，自然の中に実現しうる基礎を持つような諸原因のみを考察するという手続き（Course）をとったからであって，個々人の移り気・意見・好み・激情に左右されるような諸原因は，これを他の人たちが考察するのに任せておくのである。実際のところ，それらを基礎としては十分に語れるものではない，ということを私は

ここに明言してはばからない[3]」として，ペティは，その議論の土台にしている所の数・重量および尺度によって表現された諸観察および諸命題が，いずれも真実であり，そうでなくても明白な間違いではないとの強い確信を持っていることが理解できよう。

(注)

1) W. ペティの生涯と時代に関しては，Edmond Fitzmaurice, *The Life of Sir William Petty, 1623 − 1687*, 1895. Tony Aspromourgos, "The Life of William Petty in relation to his economics: a tercentenary interpretation," *History of Political Economy*. vol. 20, no. 3. fall 1988. 松川七郎『ウィリアム・ペティ〔増補版〕』岩波書店 昭和42年。田添京二「政治算術家ペティー」大河内一男編『経済学を築いた人々』青林書院 1963年所収。また田添京二『欧州経済学史の群像』白桃書房 1995年 3−31頁を参照。

2)「17世紀に入って主要となってきた論争が，国家の収入の問題に変わってきたという事実は，傑出すべき出来事である。政治的問題に関心を持つ者たちは，租税の最も実りのある形態が何であるのかについて議論を盛んに行なった。」(W. Cunningham, D. D.; *The Growth of English Industry and Commerce in Modern Times*. 1910 (fifth edition) vol. 2. p. 382.) 本稿は1968年にReprints of Economic ClassicsとしてAugustus M. Kelley Publishersが発行したリプリント版を用いた。)

3) William Petty, *Political Arithmetick, or A Discourse concerning, The Extent and Value of Lands, People, Buildings; Husbandry, Manufacture, Commerce, Fishery, Artizans, Seamen, Soldiers; Publick Revenues, Interest, Taxes, Superlucration, Registries, Banks; Valuation of Men, Increasing of Seaman of Militia's, Harbours, Situation, Shipping, Power at Sea, & c. As the same relates to every Country in general, but more particularly to the Territories of His Majesty of Great Britain, and his Neighbours of Holland, Zealand, and France. 1690*. (本稿ではEdited by Charles Henry Hull, *The Economic Writings of Sir William Petty*, 2vols, Cambridge, at the University Press, 1899 を用いた。*Ibid.*, vol. I, p. 244. 大内兵衛・松川七郎訳『政治算術』岩波文庫 昭和49年 24頁。) 本書は，1672年に執筆されて，1690に刊行されたとされている。その他彼の著書は，*A Treatise of Taxes and Contributions*, 1662. *Verbum Sapienti*, 1664. (大

内兵衛・松川七郎訳『租税貢納論 他一篇』岩波文庫 1952年）*Political anatomy of Ireland*, 1691. （大内・松川訳『アイアランドの政治的解剖』岩波文庫 昭和26年），*Sir William Petty 'Quantulumcunque Concerning Money* 1695.（松川七郎訳「ペティの『貨幣小論』」『経済学の諸問題 久留間鮫造教授還暦記念論文集』1957年所収。）また *The Petty Papers Some unpublished writings of SIR WILLIAM PETTY Edited from the Bowood Papers by the MARQUIS OF LANSDOWNE in two volumes.* Augustus M. Kelley Publishers 1967. 等がある。

## 2 ペティの経済的分析手法

ペティの経済思想を展開する場合，経済学史的な面での重商主義に関する捉え方の問題点やペティ経済理論それ自体の分析視角上の問題点をあれこれ取上げる必要はなくても良いと考えられる。かれが生存した時代的背景を当然考慮して，ペティかれ自身の理論的変容を捉えることに終始すればよいと思われる[1]。ペティが，重商主義者と評されている側面には，このような時代的背景が存在している。しかし彼の経済政策が，重商主義的思想を代弁しているとはいえ，その学説が全てに重商主義理論として捉えられるというものでもない。どちらかといえば，彼の経済学に関する著作の本質的部分は，既にA．スミスを祖とする古典学派への指向性を示している。特に経済的価値に関する彼の見解は初期古典学派のそれに属している。ペティの思想を最も特徴的に表しているのは，17世紀になってアラビア算法がヨーロッパに普及した結果，社会現象に対してこれを応用した統計的手法を用いてそれを分析され，とくに1592年，1603年などのようにペストなど伝染病の伝播の激しい年に統計表を用いての警告が行なわれたことにもより，より一般的になりつつあった数量的研究を通じての政治算術であった[2]。

「その発展過程を見ると，われわれは，それがただ単に知的な行動だけであったのみでなく，日常の思考や実務に与えた影響をも考えに入れなければならない。思想家たちの中で主だった人々は，数学や自然界の数量的研究に携わっていた一方，他方では数学の用途は，より一般的なものになり，低レ

ベルにおいても一層巧みに使用されていた。学校などの教育機関でも初歩的数学の知識が普及し，……また簿記の実践が教えられるに及んでいき，より多くの人々が測定や簡単な計算を行なうようになってきたのである。通常の人々へのこのような知識の普及の起源を調べることは困難だが，この点に関して確かなことは，17世紀の後半では，少なくともイギリスにおいて著しい進歩があつたのである。[3]」

「『政治算術』は帰納的というよりもしばしば演繹的であり，また統計的というよりもしばしばドグマ的である。事実，この論文に於けるペティの演繹的結論は，彼の数量的発見と同様十分に重要である。なぜなら彼は生産の一般理論を明確とは言えないがぼんやりとでも暗示しているからである[4]」とされることにもなる。また，「この方法の究極の目的をペティに於けるこの方法の生成過程との関連において見るならば，この方法は，少なくともその創始者の意識においては，単純な数量的（統計的）実証のみをこととする方法ではもとよりなく，また諸現象の数量的観察によって社会現象の合法性をいわば帰納的に導き出すことのみを意図する方法でもない，ということが予知されるであろう[5]」との思考は当を得ていると思われる。

このような手法によって，ペティは「イングランドの王位の勢力と威容とを示そうとして」論文を執筆し，イングランドを取り巻くさまざまな悲観論を取り除くためにたちあがったのである。すなわち，「国家社会（Common Wealth）の一員たる私は，まずもって共同体の利害がどのような状態になっているかについて克明な真実を知り，次にいっさいの疑わしい場合には，その最善を考えようと思う。……強固にして明白な根拠がないかぎり，みだりに絶望しないつもりである。[6]」そこでペティは，広く行なわれている人心の一部にあまりにも大きな影響を及ぼし，万人に害を与える諸々の信念を検討することが適当であると考える。そして，その「一般的諸観察と，しかも世人が相変わらず食べたり，飲んだり，笑ったりしていることが私を勇気付け，イングランドの利害と諸問題とは断じて悲しむべき状態にあるのではない，ということについてできることなら他の人たちを慰めようと思い立たせてくれたのである[7]」とその決断を述べている。

ペティは, イングランドの福祉に関する多くの人々の不安について述べ, これを解消することを考えていたのである。すなわち,「土地の地代は一般に低下しているということ, そのために, また他の多くの理由によって, 全王国は日ごとに貧乏になっていくということ, 全王国には, 以前には金が乏しくあったが, いまや金・銀ともに甚だしく払底しているということ, 人民のための産業（Trade）仕事口は何もなく, そのうえ土地は人民不足であるということ, 租税は多数にのぼりしかも高いということ, アイアランド・アメリカ植民地その他王室の新付の領土はイングランドの重荷であるということ, スコットランドは何の役にも立たないということ, 産業は一般に悲しくても衰えているということ, 海軍力の競争では, オランダ人がわれわれのすぐ後に追い迫ってきており, フランス人は急速に両者をしのごうとし, いかにも富裕で勢力があるように思っているからにすぎぬということ, そして結局の所, イングランドの教会および国家は, その産業と同じ危険にひんしているということ, これ以外にも多くの陰気な暗示があるが, 私は, それらをここに繰り返すことをやめ, むしろもみ消しておくことにしよう」[8]とそのいくつかの信念をとりあげている。

　換言すれば, イングランドは, オランダ, フランスと比較して国力の点では全く劣ることはなく, 反ってそれを凌ぐものであり, 世界的立場ではその貿易に関しては, 十分掌握が可能であることを論証したのである。すなわち, オランダ, フランス2大強国がイングランドの目前に現れ, 王国の危険が叫ばれた時に, 国家社会の一員として富の源泉というに等しい人民や土地についての実体を認識し, 現実の社会不安, 動揺の克服, 社会福祉の増進し, さらにはフランスの凌駕, イングランドによる世界貿易の掌握のための政策の基礎にすえていたのである。[9]政治算術の大きな目的は,「つまり人民・土地・資材・産業等の真実の状態を知ることの効用は何か, 2. 国王の臣民は, 不平家諸君がそういいたがっているほど悪い状態にはない。3. 共同一致（Unity）・勤勉および従順は, 共同の安全のためにも, また各人各個の幸福のためにも, 偉大な効果がある。以上3つのことを示すことこれである。」[10]

(注)

1) ペティが生存した時代は，母国が国内外において戦争や革命に明け暮れていた時期であった。17世紀初頭から始まる革命と反革命の繰り返し，特に大衆の支持する議会と王権の闘争である一連のブルジョワ革命は，チャールズ一世の処刑で収束したピューリタン革命（1642-49年），オリバー・クロムウェルの死後1660年には，チャールズ二世が王位を継承し王政が復古した時期，さらに1689年名誉革命へと激動期を通して最高権力は議会の手中に収められた。

2) 政治算術への途の始まりを示す出来事は，以前試されてきたどのものよりも新しい種類の統計的調査，より大規模でしかも正確な統計調査の出現であった。グラント（J. Graunt: 1620-74）の著書（*Natural and Political Observations Mentioned in a following INDEX, and made upon the Bills of Mortality.* 1662. 久留間鮫造訳『死亡表に関する自然的および政治的諸観察』栗田書店1946年），は，正にそれであり，その副題は「統治，宗教，貿易，空気，疾病（伝染病）そして当該ロンドン市の変化」とあり，これらを調査することが目的であった。死亡表（The Bills of Mortality）とは，ロンドンで起こった死亡者数の報告書であり，それは1592-94年，1603年からは，一週間に一回と休むことなく発行された。その刊行のもっともらしい理由は，伝染病発生を警告したり，誤った心配を緩和するためものであったとされている（*Cf., George Norman Clark, Science and Social Welfare in the Age of Newton,* 1937 Oxford at the Clarendon Press p. 133）。

「グラントは，ペティよりも統計的方法においては卓れたものをもってはいたけれども，経済学者ではなかった。統計的研究方法を経済現象の認識に適用したのはペティであった。その意味においてもペティ政治算術論はきわめて重要な学史的意義を有するのである。」（白杉庄一郎「ペッティの政治算術論」『経済論叢』京都帝国大学経済学会　第57巻　第4号　昭和18年　25頁）。

その後イギリスの政治算術学派は，グラントの手法を継承し，特に天文学者のハリー（E. Halley: 1656-1742）は，「生命表（Breslau table of Mortality）」を作成し，人口問題に関する優れた研究として評価された。さらにドイツ人でベルリンの僧侶であったジュースミルヒ（J. P. Süssmilch: 1707-67）は，神学的立場から人口現象を政治算術の手法で検証しようとした。これらの人々によって政治算術は体系され，整備されるに至った。またペティの方法は，17世紀後半のダヴェナントやグレゴリィ・キングのような著述者たちによって展開され，磨きがかけられていった。なおアーサー・ヤング（Arthur Young; 1741-1820）の*Political Arithmetic,* 2 Vols（『政治算術』　2部）London

1774, 79があるが，第1冊目のそれは直接的にペティには関係ないと思われる。
3) G. N. Clark, ibid., p. 132. しかしながらこの彼の『政治算術』は，アダム・スミスによって「私は政治算術などまったく信用しない」('I have no great faith in political arithmetic.' (下線部は著者) Wealth of Nations, ed. Cannan, Book IV, Chapter VD. p. 501.) と断言されている。実際的，行政的な側面において，理論面でのように17世紀後期に於ける統計学によってなされた出発点は，間違った出発意外に他ならなかった。「イングランド行政府は，外国貿易によるその数字をきちんと集計し，またそれは時事評論家や政治家らの人々に議論の論拠を与えることに用いられた。……しかしイングランドの商業上で統計を扱う者たちは，統計のみでは重要な経済的真理を見出すことはできないことが解っていた。せいぜい良くて彼らは真の数量的思考への途を準備したに過ぎなかった。……有能な経済思想家たちは，その用具を少しも使用することはなかった。というのは，それが十分な評論の種になりえなかったことを当然のように知りえていたからである。（その点では）アダム・スミスは，彼の先駆者たちの誰にも劣らず解っていたし，彼がその率直な言葉で商業上の正確な評価をする可能性を退けてしまったのである。経済的な思考や社会的なそれにおける数量的方法は，18世紀後期になってから出直さなければならなかった。」(G. N. Clark, ibid., pp. 144-145。)

その理由は，ペティも認めていた通りおそらくその当時データが十分でなかったり，算術平均以外の統計技術を知らなかったり，数値をおおざっぱに見積もったりしていた点がそのように認識される所があったのであろうと思われる。けれども彼の最大の貢献は，数量的算定の発明であり，それはまた彼がその後に続く計量経済学の祖として認められる所以でもある。しかもE. ロールは，「彼は，ただ単に自身の実践と教示とによって，データはどんな風に収集され，整理されるべきかを示したのにではない。彼は，決して統計的研究が，もっと広い機能を有する事を見落としはしなかった。彼の『政治算術』とその他の統計学についての論文を一貫するものは，実態調査を，理論的な分析との連関において正しく位置付けることだったのであった」(Eric Roll, A History of Economic Thought, 1942 Prentice-Hall pp. 101-102. 隅谷三喜男訳『経済学説史』上巻　昭和26年　有斐閣　121-122頁）と述べている。またK. マルクス（K. Marx）によれば，「ペティの天才的豪胆さは，さまざまな面において発揮されており，それは独創的な提案がなされている」ことを指摘している。例えば，「彼の同時代人ホッブスの場合のように多かれ少なかれ実を結ばないで終ることなく，彼を導いて，経済学が独立した科学として分離した最初の形

態である政治算術に向わせたのである。」(*Zur Kritik der Politischen Ökonomie*, s. 40, マルクス=レーニン主義研究所訳『経済学批判』大月書店 1964年 50頁。) また分業に関しても,「ペティは,分業をまた生産力として,アダム・スミスよりもっと大規模な構想で展開した。」(a. a. O. S. 41, 邦訳 50頁。)「ウィリアム・ペティがイギリスの経済学の父であるばかりなく,イギリスのホイッグ党の長老であるヘンリー・ペティの祖先でもある。」(a. a. O. S. 41, 同訳 53頁。)「(ペティの) それは多少ごちゃごちゃしている。しかし,全部にわたっていろいろな考えを取り出してみると,的確な見解があちこちにまとまって見られる。」(*Theorien über den Mehrwert*, 1921, Band26, S. 331. 岡崎次郎他訳 『剰余価値学説史』1970年 大月書店 (3) 102頁。) 等として,「古典派経済学体系の基礎を準備した,最初にして最大のイギリス経済学者は,サー・ウイリアム・ペティーであり,正に政治経済学の創始者と呼ばれるにふさわしい」と評価をしている。

4) E. A. J. Johnson, *Predecessors of Adam Smith The Growth of British Economic Thought*, Augustus M. Kelley publisher 1965 p. 112. とされることにもなる。また *Cf.*, Terence Hutchison, *Before Adam Smith The Emergence of Political Economy 1662-1776*. Basil Blackwell 1988. pp. 27−41.
5) 邦訳書所収の訳者解題 168頁。
6) Sir William Petty *Ibid.*, vol. I, p. 241. 邦訳18頁。
7) *Ibid.*, p. 244. 同訳 24頁。
8) *Ibid.*, pp. 241−242. 同訳 19頁。
9) 同訳書 訳者解題 162頁参照。
10) *Ibid.*, p. 313. 同訳 147−148頁。

## 3 一般的経済基調

重商主義期の特徴を表現する最も良い方法は,次のような視点で捉えることが出来よう。1つは1国を富ませる最良の手段は何か,また2つ目には富とは一体何なのかと言う富の形態についての点である[1]。ブルジョワ革命以前の絶対王政下での重商主義では,商業資本を中心とした流通過程からの富の増大を意図したものであった。すなわち,少数の特権的商人を保護し独占権を与えることによって,富の源泉である貨幣(金貨,銀貨《地金,貴金属も含

む》)を外国貿易という流通過程の形態によって,獲得し国富を増加しようとしていたのである。そのため,関連する産業を育成するとともに,使用条例のような極端な政策を実施することになった。

しかし革命後の初期産業資本は,中産者階級をその中核として形成し,その発展のための政策を実施していった。換言すれば,その政治・社会構造の変化やその産業の成長に伴って,経済発展段階における位置やまたその経済構造の変化も,一層高度に進展していった。「資本家の交換に代わって,資本家の生産が,経済学者の主たる関心事となった。他ならぬ生産過程——その新たな形態の内には,今までと全く異なった社会関係が内包されていた——こそが,経済の運行の核心をなすものとされていたのである。もはや,近代における社会的な意味での富は,交換によって創られる,とか,価値(すなわち,社会的富の属性たる交換価値)や,富の増大を齎す利潤は,交換から生ずる,というような主張は,存立不可能となった。富と価値の問題は,今一度再構成され,新たに別の答えを探さなければならなかった。この再構成の答えは,次第にその精確の度を増して,ついに古典経済学の体系に至り,最も洗練された形態をとったのである。」[2]

ペティが,まず富と価値と言う重要な経済問題に立ち向かって,いわば間接的な研究方法を採ったこと,それ自体,産業資本主義発展の不可欠の一環として起こった社会的,政治的関係の変化を表現するものに他ならなかった。しかしながら彼が十分に前期的重商主義の思考から脱却していたのかというと必ずしもそうではなかった。流通過程からの富の獲得を展開しており,また富の源泉についてもいまだに重商主義的観念を有していた。トーマス・マンの思考に染まっていた所が在った。重商主義の理論は,富とは貨幣であると考えていたが,問題の重心を貨幣のバランスから貿易のバランスに移ってきた。すなわち貨幣そのものの収支ではなく,輸出超過額を最大限にするように貿易バランスの収支に重点がおかれた。マンにあっても,その当時のイギリス経済社会の経済法則を視点として,バランス・オブ・トゥレイド論(貿易差額説)に,すなわち外国貿易,もっと言えば輸出と輸入との差額からの利益にそれを求めたのである。バランス・オブ・トゥレイド論なる言葉は,

マン以前において存在し，それによって既に経済分析の手段として用いられていたのであるが，マンによってより核心に迫った理論が打ち立てられたのであった。ペティの考えも，例えば，「輸入額を超える〔輸出品の〕超過が，本国に貨幣を齎すのである」とマン的なバランス・オブ・トゥレイド論を考慮していた。

また富の本質を「産業の偉大にして終局的な成果は，一般の富だけではなくて，特に金・銀および宝石の豊富である。金・銀・宝石は，腐敗しにくく，また他の諸物品ほど変質しにくい物であり，いついかなるところにおいても普遍的富である」と規定し，この国の全ての富を，すなわち「土地・家屋・船舶・諸物品・家具・銀器および貨幣」を列挙している。ペティが特に金・銀に対して偏重していた理由は，当然のように中世の実物経済社会から急速に発展し，浸透した貨幣経済社会の弊害—すなわち，現実の鋳貨不足—が存在したからであろうと思われるが，貨幣がその素材面での有利性に加えて，それが単なる価値の蓄蔵手段としてだけではなく，より多くの価値を生み出す手段として思考されたのではないかと思われる。

すなわち，「その貨幣が絶えず人から人へ手渡されながらtrade（商品の生産・分配・交換）を生み出していくことを，イギリス経済の貨幣経済化を内包的・外延的に発展せしめながら国内生産力を高めていくことを，期待していたのである。……貨幣の不足の状態においては，労働雇用の不断の原動力を欠くゆえに，仕事不足，労働力の低下，トゥレイドの沈滞を結果する」と考えたのである。

ペティは，貨幣を持って，貿易を振興するきわめて重要な手段として捉えていたが，貨幣の足りない国が在るように，貨幣が多すぎても困る国にもあるということをしばしば述べている。1国にとって適正な貨幣供給量を見つけようとして，彼は，貨幣の「流通速度」の概念を用いて，ペティは，「すなわち，もし1年当り400万ポンドを調達する必要があるならば，同じく1年当り600万ポンド（われわれはこのくらいは持っていたいと思う）あれば，産業が必要としているような回転および流通に事足りるであろうか，ということである。私は然りと答える」と述べている。

また貨幣を脂肪に喩え，その過多は過少と同様に有害であるとした。彼は，「貨幣は政治体（Body-Politick）の脂肪にほかならぬのであって，その過多は往々にして政治体の敏活さ（Agility）を妨げるが，同様にその過少もそれを病気にするからである。まことに，脂肪が筋肉の活動を滑らかにし，栄養の不足を補い，体のくぼみを満たし，肉体を美化するのと同じように，貨幣は国家の中にあって，その行動を敏速にし，国内が飢饉の際には，海外から食物を供給し，その可分性（divisibility）のゆえに諸勘定を決済し，しかも全体を美化するのである。もっとも，貨幣を豊富に所有する個々の人を特に美化するのであるが[9]」とし，また，『貨幣小論』の中でも問27で，もしわれわれがもっている貨幣が多すぎる場合はどうであるか？の答えとして，「われわれは，その最も重いものを溶解して金銀の華麗な皿にしたり，容器や什器にしたりしても良いし，またはそれを要望しているところへ物品として送ってもよいし，あるいは利子の高いところがあれば利子をとって貸し付けてもよい[10]」としている。1694年にイングランド銀行が設立されることによって，初期産業資本の要望する貨幣資本の不足に対しても，さらに過剰な貨幣の調整も一応の解決がはかられることになった。

イングランド銀行は，政府の公債の引き受け，発券銀行としての機能を持つ中央銀行として発展し，またそれは，一般の地方の金融業者との結びつきも促進させ，貨幣資本の供給や金融制度の組織化を進展させた。さらに資本の原始的蓄積期における政策体系は，当然のようにペティが国家財政に関心を抱くようになった。換言すれば，それは，今までの封建的な政府収入の調達法とは異なったものとして，国民的な租税体系がそれに取って代ったという事実があったからかもしれない。[11]

初期産業資本主義，いわば生産過程での剰余価値の増殖は，大規模生産により大量の生産物が生み出され，さらにその製品の種類の増大により産業資本家への法人税，所得税の課税に留まらず，また消費者への内国消費税の課税や税率の強化や増大へと拡大し，それは国富の増殖をもたらすことになった。それは，正に近代的租税制度の確立である。もちろん租税は不可避的あるがその場合でも，政府である「君主が必要以上のものを課税によって強引

に吸い上げることは，やってできないことはなかろうが，決して頻繁に試みるべきことではない。何となれば，臣民の生産的な流通から，貨幣を引き去ることになるからである。だが，もし賢明に支出されるならば，君主の吸い上げた貨幣は，かえって交易と生産とを刺激することも可能である。この場合には，その金が，一層肥えて太って人民のポケットに戻って行くことになる」のであり，貨幣の流動性を考慮して適正な課税のもとでの貨幣量を調整していかなければならないと考えていた。

（注）
1 )「重商主義に入ると1つの共通な研究の仕方が，重商主義価格論の底流として形成されるようになった。その共通な研究の仕方とは，商人流のそれであった。1国を富ましめる最良の手段は何か。この際，富とは（貨幣によって実現される）商業資本と同じものなのであるから，……利潤を生む販売による，ということになる。この利潤は……ただ譲渡からのみで，安く買って高く売ると言う交換行為からのみ生ずる。……結局のところ，外国貿易及び貨幣と価格との関係をめぐる重商主義的な結論であった。」(Eric Roll, *op. cit.*, p. 101. 前掲訳　119頁。)

2 ) *Ibid.*, p.101. 邦訳119頁。

3 ) 拙著『外国貿易論〔経済学全書〕』高文堂出版社　平成3年　32-33頁。

4 ) William Petty, Political Arithmetick, *Economic Writings*, vol. I, p. 260. 『政治算術』50頁。

5 ) *Ibid.*, pp. 259-260, 邦訳50頁。「マンは，国富の増大をこのバランス・オブ・トゥレイド（貿易差額）において発生するものであるとしていた。なぜ，彼がこのような点をその理論の根底に置いたのかを説明するためには，先ず第1に彼の『富観』についての概念を明確にしなければならない。当時は一般的な見解として富＝貨幣という公式が定式化されていた。すなち，1国の富は，金貨銀貨であり，これを増加させることが為政者の使命であった。」（拙著　前掲書　33頁。）

6 ) William Petty, Treatise of Taxes and Contributions, *Economic Writings*, vol. I, p. 34. 邦訳　63頁。

7 ) 大川政三「ペティ財政論の初期資本主義的性格」『一橋論叢』第36巻6号1956年　73頁。

8) William Petty, Verbum Sapienti, *Economic Writngs*, vol. I, p. 112. 大内兵衛他訳「賢者には一言をもって足る」(『租税貢納論』所収) 183頁。

9) *Ibid.*, p. 113. 邦訳184-185頁。またマーク・ブローグは,「ペティは, 貨幣量についての, いわゆる『取引数量説 (needs-of-trade doctrine)』に訴えることによって, 無制限な地金の蓄積に反対した。……しかしながら, これをもってしても後の著作家に, 貨幣量と国民の富を同義語と考えたり, 絶えず純な貿易差額説を要求したりすることを, 止めさせることはできなかった」(M. Blaug, *Economic Theory in Retrospect*, Richard D. Irwin 1962 pp. 9-10, 久保芳和他訳『経済理論の歴史 I 』東洋経済新報社 昭和57年 20頁) とし, ペティが, かなりの程度に重商主義の思考から抜け出していたと評価する。

10) William Petty, Quantulumcunque concerning Money, *Economic Writings*, vol. II, p. 446. 松川七郎訳『貨幣小論』116頁。

11)「外国貿易に接触を持たず, しかも経済的運動法則を暴露しようと努めるものにとっては, 当時, 国庫の歳入と歳出を分析する方法以上に, しかも経済的な課題に対する確たる接近の途はありえなかったのである。」(Eric Roll, *op. cit.*, p. 113. 邦訳123頁。) ペティは, 公共事業を実行するためは多額の貨幣が必要であり, その投入がなければ国民の産業を維持することができないとして, 次のようにも言っている。すなわち,「それを運営していくのに必要な貨幣が不足する場合には, その弊害は仕事不足に現れるであろう。しかもこのことは, 人民を減すること, または彼らの技芸と勤勉とを減することと同じである」(Verbum Sapienti, *ibid.*, p. 36. 邦訳66頁。) として, 貨幣量投入の仕方が, 産業振興のための公共事業に重要であることに言及している。cf., B.R. Suviranta, *The Theory of The Balance of Trade in England A Study in Mercantilism*, Augustus M. Kelley 1967 pp. 72-77.

12) *Ibid.*, p. 104. 同訳 123頁。

## 4 貿易と国際分業

　古典派経済学の真髄である労働価値説は, 自由貿易の理論的展開としても非常に重要な側面をもっている。アダム・スミス, D.リカードウの自由貿易論は, 国際分業を基礎において各国がそれぞれに専門化 (特化) した商品を生産して, その後貿易によって相互にそれを交換し両国が利益を享受しようとするものである。それは, 商品の生産費の相違によってその有利な商品

に特化 (specializatoin) し，生産を行なうものであり，スミスでは絶対生産費説となり，D. リカードウの場合には比較生産費説ということになろう。設例を挙げてこれらを論理的に展開する時に，単位当りの労働時間の問題が存在するが，当然のようにその根底には労働価値説が説明の核心となっている。この理論の重要な流れの基は，古典派以前のペティの理論に求めることができる[1]。ペティの価値論を理解するためには，富の源泉としての労働に関しての彼の考えを明確にしておかなければならないし，その強調してい点を，正しく捉えることが重要になってくる。ペティは，労働に関する理論においてスミスほど明確ではないにせよ，重商主義者流の観念から抜け出していることは，全く疑う余地がないであろう。彼によれば，「土地が富の母であるように，労働は富の父であり，その能動的要素である」[2]と述べ，さらにまた他の箇所では，「われわれが国民の富・資本，すなわち生活必需品 (Wealth, Stock, or Provision) と呼ぶところのものは，以前の，または過去の労働の成果であるから，現存する諸々の能力とは別のものであると考えるべきではなくて，それは，……現存の能力と同様に評価され，また同様に貢献されねばならない，ということは合理的であると思う」[3]と言及している。

すなわち，富と資本等の国民の生活必需品に言及した場合，彼はこれを以前の，あるいは過去の労働の果実と考えていた。正に労働価値説における基本的な考え方である。現在の生きた労働と過去の死んだ労働の区別では，後者の原材料および生産財・資本財を指していることになる。しかも彼によれば，その過去の労働は，現在の労働と同じ様に評価されるべきであり，全体としての労働量として考慮されるべきであるとするものである。

ところでスミスの理論を取り上げてみよう。彼によれば，富とは，1国民の年々の労働の直接の生産物，あるいはそれと交換によって他の国民から得られる生産物から成るとしている。しかもこの富を増殖させる上で必須な条件は，「第1は，何でも労働する時の熟練，技巧，および判断によって，第2には，有用な労働に従事する人々の数と，そういう労働に従事しないものの数との割合によって」[4]である。富は，労働生産力を改善し，それを高めることによって，増加することになり，この「労働生産力の増進の諸原因」の

決定的な要因は,「労働の分割」,すなわち「分業」であり,この分業の発展は,これによって生産され増大した商品を交換するために市場の大きさに依存し,市場の規模によって左右される。そのため,必然的に狭隘な国内市場に限界がもたらされると,次には広大な外国市場にそれを求めていかなければならない。国際間の自由な交換を通してはじめて分業からの利益を享受できるのである。換言すれば,それは,国際間における各国の分業を基礎として,当事国間で自由貿易を展開して享受されることになる。

この点でペティとの比較をしてみると,正にペティにおいても同様な理論が展開されていることに気がつく。例えば,「君主の偉大さや栄光さは,君主がよく統一している人民の数,技芸,および勤勉にある」「人民が少数であるといことは真実の貧乏である。つまり800万の人民がいる国は,同じ地域に人民が400万しかいない国よりも2倍以上富んでいる。」これらの展開の内容は,前述のスミスの富を増殖させる条件である「労働の熟練,技巧,判断」,「有用な労働人口の数」にオーバーラップするキーワードである。

また「農業よりも製造業が,また製造業よりも商業がずっと多くの利得がある。」「農業という貧しくも惨めな職業から,比較的有利な手工業(handicrafts)へ移植させられることから生ずるものであろう」と,富の増進の核である余剰利得(superaddition)に言及する。これは後にクラーク(Colin Grant Clark)によって命名された『ペティの法則』に関連することになるが,それよりもここでもっと重要な点は,単なる経済構造の変化に言及することに留まらず,1国の富がどのような産業形態によって最も増殖し,有利となるのかを教えてくれる。すなわち,「その国に金・銀・宝石等を蓄蔵せしめるような諸物品を産出すること,またそのような産業に従事することは,他のいずれよりも有利である。」そのため,1国の採るべき強力な産業構造が,現段階においては何であるのかを模索したのである。それが,ペティによれば,海上貿易となったのである。

すなわち,ペティは,「航海および漁獲に優位を占めているものは,世界中のあらゆる地域にしばしば行く機会が他よりも多い。そしていたるところで,何が不足し,何が過剰なのか,また各国人は何をなしうるか,何を欲し

ているか，を観察する機会も多い。その結果として，彼らは貿易界全体の問屋となり，仲立人となる。この理由から，かれらはいっさいの土産品を本国に持ち帰って製造品とし，これをその原産地にさえ送り返すのであって，これらのことは，われわれがすべて目撃しているとおりである」[12]とし，ここでの貿易の役割を単に輸出と輸入との差額に利益を求めるのではなく，本国内の他の産業に恩恵を与えるのである。

商品を輸入してそれをその他の国々に売捌き貨幣を手に入れるだけではなく，輸入した物を何らかの付加価値をつけて製造し，それを再輸出することによって国の富を増加させることもそれなのである。そのため，それに関連する人々である「農夫・船乗り・兵士・工匠および商人こそは，いずれの国家社会においても，正にその大黒柱であって，他の職業のすべては，大黒柱たる人たちの弱さや失敗などを埋めるために生まれてくるものなのである。」[13]彼らは，国家にとってそれほどに重要な役割をする者たちなのである。ところでT.マンは，「商品貿易においての貨幣輸出は，わが国の財宝を増加させる一手段である」と主張し，「貨幣は貿易を生み，貿易は貨幣を増加する」と考え，外国からの輸入の必要性を力説した。正にペティにおいても同様な展開は前述の通りである。しかも彼の場合は，貿易取引としての商品取引のみを貿易として捉えるだけではなく，運輸サービスなどのサービス取引をも考慮した貿易体系を捉えているのである。彼によれば，「船乗りの労働および船舶の運賃というものは，常に1種の輸入品なのであって，輸入を超えるその余剰は本国に貨幣などをもたらすのである」[14]としている。

また，新たな社会構造のうちに起こるさまざまな諸現象—規模の大きな資本を所有する者と労働力の提供者との関係，経済の発展段階とその産業構造の変化—は，経済的側面において私的な工場内の作業分業の利益のみでなく，より一層それを発展させた社会的分業，さらに国際的分業へと敷衍し，発展していく過程があるだろうことを推論し，本来労働がとる典型的な形態は，分業労働に他ならぬことをペティはよく知っていた。

これらの点でスミスとの関連でペティを見てみよう。スミスが『諸国民の富』の第1篇第1章に「分業について」という主題を設けたのは，次のよう

な理由があったからである。1つは，それが労働の生産性を改善させ，増大させる最も効果的な手段であり，結果的には1国の富を増加させる大きな要因になるからであったこと。2つには，生産要素の構成要因のうち，当時としては人的労働を生産の最も主体的な存在要因として捉え，その属性を有効に活用する方法として考えたこと。3つ目には，「見えざる手」に導かれて，各経済主体が各人の利己心のおもむくままに経済行動を行なった場合でも，国富を増加させるとするスミスの考えは，単なる工場内の作業分業だけに留まらず，それを超えて社会的分業へ，さらには国際分業をもその伏線として彼の中にあったからであろうと思われる。すなわち，分業は，1工場内でも，社会間においても，また広く国際間において富の源泉であり，あるいは富裕の発展にとって必須の原因であるとしたことである。[15]

分業の利益に関するW. ペティの記述には，アダム・スミスのかの有名な安全ピン工場でのピン製造過程を描写したように，分業の利益が漏れなく盛り込まれている程である。すなわちW. ペティによれば，「製造業の利益は，製造業それ自体の生産規模が大きさ，優良さに比例することになる。けだし，各製造業が，可能な限り多くの部分に細分されうることになれば，各職人の仕事は簡素化されることになろうからである。例として，時計を製造する場合（を考えてみよう）。もし1人の人が，歯車を造り，他の人がバネを造り，その他の人が文字盤を彫り，さらにまたその他の人がケース造りに分かれるならば，その場合に時計は，すべての仕事を誰かが1人でやる時よりも，立派で値段も廉価になるだろう」[16]「彼は時計製造業を例として取り上げ，原価の低下と生産の改善とが，この特定部門に於ける分業によって取られると共に，巨大な都市がいくつも成長して，その間で各種製造業の専門化が行なわれていることにも基づくものであることを示している。」[17]

ペティは，また別の箇所でも「例えば服地をつくるばあい，1人がすき（cards）・他の1人がつむぎ・他の1人が織り・他の1人がひきのばし・他の1人が仕上げ・他の1人がおしをかけて荷物づくりする方が，このすべての作業を同一人が不器用にする場合よりも，必ず安価にできあがるものである」[18]とし，さらに「1人の人でも，技量があれば，それのない多数の人と同

じだけの仕事をなしうる。例えば，1人の人が水車で粉を挽けば，20人がてうす（mortar）出するのと同じだけ挽くことができ，1人の印刷業者は，百人が手で書くのと同じだけの冊数をつくることができる。1頭の馬でも，車につければ五頭の馬が背につけるだけのものを運ぶことができ，しかも，ボートにのせたり，あるいは氷の上でならば，20頭分も運ぶことができるのである」と述べている。[19]

これらの点で，スミスのペティに対する評価はほとんどなされていないが，彼は，ペティの説例を引用した可能性は十分に考えられる。その点では，ペティの国際分業論，それによる貿易は，古典派の自由貿易論をまたずしても，それが成立する為の基礎的な理論的条件を提唱していたことを認めないわけにはいかないであろうと思われる。ペティは，次のように述べている。すなわち，「イングランド国王の臣民にとっては，全商業世界の普遍的貿易を獲得してしまうということは，不可能でないどころかまことに実行しやすい問題である」と。[20]

（注）

1) K. マルクスは，ペティが，既に古典派経済学の始祖であるとして評価し，次のように述べている。すなわち，「私が古典派経済学というのは，ブルジョア的生産諸関係の内在的関連を探求するW. ペティ以来の全経済学のことであり，これにたいし俗流経済学というのは，外見上の関連の範囲のみをうろつきまわって，いわば最も粗荒な諸現象のもっともらしい説明するものである」としている。(K. Marx, *Das Kapital,* vol. I, part i, p. 87. 長谷部文雄訳『資本論』第一巻 第一部 河出書房 昭和39年 74頁。)

2) W. Petty, "Treatise of Taxes and Contributions", ch. x, *Economic Writings,* vol. I, p. 68. 邦訳 119頁。

3) "Verbum Sapienti", *Economic Writings,* vol. I, p. 110. 邦訳 179頁。

4) A. Smith, *An Inquiry into the Nature and Causes of the Wealth of Nations* (ed., E. Cannan, 1925). vol. I, pp. 1-2. 竹内謙二訳『国富論』慶友社 昭和34年 第一編 3-4頁。

5) しかしこれらのスミスの理論は，J. S. ミルやリカードウによって余剰物捌口論（the vent for surplus theory）であるとして批判された。すなわち，

ミルによれば,「外国貿易の利益に関するスミスの学説は,外国貿易が1国の余剰生産物に対する捌け口を与え,国の資本の1部が利潤を伴って自らを回収しうるようにする」(J. S. Mill, *Principles of Political Economy with some of their Applications to Social Philosophy*《W. J. Ashley, 1921》. p. 579. 邦訳273頁)というものであった。

6) "Treatise", *Economic Writings*, vol. I, p. 22. 邦訳　42頁。
7) *Ibid.*, p. 32. 同訳　63頁。
8) "Political Arithmetick", *Economic Writings*, vol. I, p. 256. 邦訳44頁。
9) *Ibid.*, p. 289. 同訳　104頁。
10) コーリン・クラーク(Colin Grant Clark)は,経済社会の発展に伴って,産業構造やその形態に影響や変化を与える動態的状況をペティに求め,それを「ペティの法則(Law of Petty)」と命名した。事実ペティは,ここで経済進歩に伴って,農林水産業を中心とした第一次産業部門から第二次産業部門へと,さらに第三次産業部門へ移行していく変化を述べている。
11) "Political Arithmeick", *ibid.*, vol. i, p. 259. 邦訳50頁。
12) *Ibid.*, p. 258. 同訳　47頁。
13) *Ibid.*, pp. 258-259. 同訳　48頁。
14) *Ibid.*, p. 259. 同訳　50頁。
15) 拙著　前掲書　55頁。
16) W. Petty, "Another Essay in Political Arithmetick, concerning the Growth of the City of London : with the Measures, Periods, Causes, and Consequences thereof. 1682.", *Economic Writings*, vol. II, p. 473.
17) Eric Roll, *op. cit.*, p. 105. 邦訳126頁。
18) "Political Arithmeick", *ibid.*, vol. I, p. 260. 邦訳51頁。
19) *Ibid.*, p. 249. 同訳　30頁。
20) *Ibid.*, p. 312. 同訳　146頁。

# 第3章　ダニエル・デフォーの貿易論

## 1　はじめに

　ダニエル・デフォー（Daniel Defoe, 1660-1731）は，1719年に出版され，その後次々と再版されたかの有名な著書である『ロビンソン・クルーソウの生涯と冒険[1]』によって，世界にその名を駆せた人物である。しかし本来彼が経済論者としての側面をもち，それもかなり高水準の経済分析によって，イギリス経済全般にわたって当時の経済状況を論じたという点については，1930年代に入るまではほとんど知られていなかった。本書では，彼の経済論者としての面にふれ，当時のイギリスの経済の構図の描写と外国貿易に関する彼の考え方について接近してみようと思う。

　デフォーの考え方は，彼の著書『イギリス経済の構図[2]』においてよく知ることができる。彼によれば，イギリスは，全世界にわたって広汎な通商（トゥレイド）を行なう国であり，それによってイギリス経済やその富が形成されてきていると考える。またその国内経済も商工業を拡大させることによって発展してきており，それはさまざまな部門のさまざまな職業の分化によって成り立っているとする。すなわち，イギリスの経済は，すべての部門の社会的分業により構成されており，それが外国貿易と結びついていると論ずるのである。[3]


（注）

1 ) 原書名は，"The Life and Strange Surprizing Adventures of Robinson Crusoe, of York, Mariner: Who lived eight and twenty Years all alone, on an uninhabited Island on the Coast of America, near the Mouth of the Great River of Oroonoque, etc." 1719 である。

2）本書の原書名は，"*A Plan of the English Commerce, being a Compleat Prospect of the Trade of this Nation, as well the Home Trade as the Foreign." London,* 1728である。本稿では，Augustus M. Kelley 1967年に復刻したプリント版を用いた。本書は，1730年に出版された第2版が使用されている。邦訳は，山下幸夫，天川潤次郎訳『イギリス経済の構図』東京大学出版会 1975年がある。本稿では邦訳の頁を掲載してあるが，その訳はすべてはそれに因るものではない。以下 "*Plan,*" と省略する。

3）Cf., D. Defoe, *Plan,* pp. iii-iv, 邦訳 3 − 4 頁参照。

## 2　トゥレイドの解釈と意義

　18世紀当時のイギリスを一瞥すれば，その前半において，イギリスではトーリー党とホイッグ党との間ではげしい党派抗争が起っていた。時にスペイン王位継承戦争への参加，さらに1703年メシュエン条約によって——これは，消費者を犠牲にして商業界に多大な収入を与えることになった——，民意に反する行動は政権をホイッグ党からトーリー党へと移行させた。1711年，トーリー党は，フランスとの講和条約を準備し，1713年にユトレヒト条約として結実させるべく行動をとった。ここまでの経過においても，オリバー・クロムエルの航海条例後，3度のイギリス，オランダ戦争を惹起させ，またフランスとの間でも関税上の争いは，イギリスの貿易をほとんど壊滅的な状態まで追いやった。このように相互に報復的な戦争や保護主義的関税の危険性，正常であるべき国際競争力の消滅，有効な国際分業体制の破壊といった保護貿易主義への批判が行われ始めた。このような情況に終止符を打つための試みの1つが，英仏間の通商条約であった。

　しかしユトレヒト講和条約の締結をめぐる論争は，トーリー党と地主層，ホイッグ党と商人層という組み合せにおける利害と確執を含みながら行われた。メシュエン条約にもとづくポルトガル貿易とユトレヒト条約にもとづくフランス貿易とが，本来イギリスにとってより利益を享受するものであるかどうかを考慮すればよかったのである。元来何んらの疑いもなく，イギリスにとってフランスの市場の大きさは，特に毛織物製品を販売する上で，ポル

トガル貿易から受ける利得よりもすべての面において圧倒していたのが現実であった。それに関してデフォーは，客観的立場から「マーケィター(Mercator)」紙の発行によってユトレヒト条約の諸利益について世論に訴えた。一方これに対するホイッグ党や商人層は，「ブリティシュ・マーチャント (The British Merchant)」紙を発行して，チャールズ・キング (Charles King)，ジョシュア・ジー (Josuah Gee) らによって反撃を開始した。[2] 実際にはこの条約は，185票対194票という小差をもって議会で否決され，ホイッグ党の勝利で決着した。しかし重商主義政策の不当な輸入禁止や高関税率を中心とする保護貿易政策に対する多くの反論は，止めようがない状況に至っていた。

　デフォーは，広い視野をもって理論的思考よりも実践的思考をとり入れ，イギリス経済の繁栄は，「トゥレイド (Trade)」を重要な起点として，それを有効に展開させることによって成就されることになると捉えた。換言すれば，一経済過程の循環を財貨の流通過程におけるものとして，すなわち，生産と消費との相互関係に連関するものとしてそれを認識することであった。そのため，「トゥレイド」は，それ自体単なる商品の交換を意味するだけでなく，生産，流通，消費という経済の循環として捉えられ，それを核として１国の経済の繁栄に結実するものと思考するのである。

　デフォーが，「トゥレイド」という言葉を使用する場合，その語義が非常に多岐にわたっており，その意味を正確に理解することが必要であろう。彼によれば，「トゥレイド」という語は，「宗教のように，すべての人が口にするが理解する人は少ない。……この語が場所にかかわるとき，それは商業 (Trade) となり，一般的にいえば通商 (Commerce)，またそれを自然の作用の結果として語るとき，それは生産物 (Product)，生産品 (Produce) となる。労働の成果としては，それは工業製品 (Manufacture) である」[3] と解釈されている。またその取扱いについても，「全体について語るとき，それは卸売 (Wholesale) となり，個々について言えば小売 (Retail)，国民についてわれわれがそれを語る時は，取引 (Corresponding) と呼ばれ，国外からの輸入品のみについて言えば，売買 (Merchandizing) と呼ばれる。」[4] そしてまたその

やり方についても同様に,「われわれが品物を交換する時, トゥレイドは物々交換 (Barter) と呼ばれ, 鋳貨を交換すれば銀行業 (Banking), 商談 (Negoce) および交渉 (Negotiating) と呼ばれる[5]」ことになるとする。またホーム・トゥレイド (国内商業) という項目についてみれば, その場合,「トゥレイド」を労働と取引を含む言葉として捉え, それぞれ労働部門と取引部門とに分割して, その意味を理解することが重要であるとする。その理由は, 次のような諸点が関係する。すなわち, 技術と手工およびあらゆる種類の製造業からなる労働部門では, その仕事に従事している職人 (Mechanicks) は, それによって産み出された産物にかかわっている。また取引部門では, 上述の勤勉な職人によって仕上げられた熟練と労働の結果である個々の産物を, 1つの場所から他の場所へ, また1国から他国へと, 人々の必要と便益に応じて引渡すという仕事から成っている。そしてこの生産物の運搬は, 彼らの間での最も望ましい条件や状態のもとでの合意によって行なわれる。すなわち, 商業とは, こういうことを言うのであり, 取引 (Dealing) と製造 (Manufacturing) とを全く自然で本来的な状態において, すべてを包含するものである。このように, 多義であり, 多様である「トゥレイド」という用語はまた農工業に従事する人々, その主要な業種もしくは職種として総括される場合もある[6]。そして, どの国においてもこの「トゥレイド」の基礎, そして発達する商業が, その国のトゥレイドであるといって差支えないとデフォーは捉える。すなわち彼によれば,「われわれは豊かで人口も多く, 強力な国であり, ある点では世界におけるこれらすべての個々の国の中で最大のものであることを, われわれは誇りとしている。これは, すべて商工業に由来していることは明らかである。われわれの商人は, 君主たちより偉大で豊かで, 強力である。われわれは, 地上の王たちをわれわれの商品をもって, つまり商取引 (トゥレイド) によって豊かにした[7]」のである。もっと言えば,「知る限りの世界において, この利益を味わわない国は1つもなく, 彼らの繁栄が経済の有益な改善のお陰をこうむっていない国は皆無だからである。商工業を一般的な職人仕事としてけなす, うぬぼれの強い上流階級ですら, 彼らが最も必要とするものの供給をいたる所でそれに頼っているのではない

か。……要するに，有用な商工業はジェントルマンを支えている。そして，これらの職人がいなければ，彼はその所有地の産物を処分することもできず，もしくは何がしかの地代を得ることもできない」ことになる。デフォーによれば，すなわち諸国民，王国および諸々の政府は，彼らが世界の経済全体の分け前にあずかっているのであり，これまで商工業は，きわめて有効に世界の富を集めたのではないかと指摘する。すなわち，商業活動（トゥレイド）は，製造業を促進し，発明をうながし，人々を雇い，労働を増し，賃銀を支払う。人々は雇用される時賃銀の支払いを受け，その支給によって食べ，衣類を調達し，気力を保ち，ともに団結する。すなわち，彼らは国内に留まって，仕事を求めて国外にさまよい出ることはしなくなる。というのは，仕事があるところには人々もまた居る筈だからである。人々を団結させるというこのことが，実際に全体の骨子である。なぜなら，彼らは団結が得られる時，彼らはともに栄え，そしてその数は——それは国の富であり，また力でもある——増加するからである。人々の数の増加は，波及効果を生み出し商業活動の循環によって，彼ら全体に恩恵を与えることになる。

もし商工業（トゥレイド）が存在しなかったならば，国民の仕事には賃銀が支払われないことになり，その結果労働の欠乏のため，彼らの商い（トゥレイド）は増加しないことになる。すなわち，労働の勤勉というものが商工業（トゥレイド）を促進させ，また商工業（トゥレイド）は勤勉を奨励するからである。換言すれば，労働は商いを育成し，商いは労働を育て上げるからである。「勤勉な，商工業（トゥレイド）の行なわれている世界では，人々は愉快に働き，快適な生活をしていることに注目すれば十分である。彼らは仕事をしながら唱い，好みによって働き，よく食べ，かつ飲み，そしてその仕事は楽しく，しかも成功裡に進められる」のである。すなわち，商業活動（トゥレイド）は世界に活動を与え，人々に仕事を提供し，彼らの労働に対する賃銀を引き上げる。そして彼らの労働を増加させ，その仕事が卓抜なものであればあるだけ，その賃銀を上昇させる。過去において，イギリスも商工業（トゥレイド）をもたなかった時，われわれは船もなく，人口豊かな都市もなく，人口も少なく，食糧にも値が出ず，土地は地代を生まなかった。現

在に比肩(ひけん)しうる富も存在しなかったのである。[11]

　このようにして，デフォーにおける商工業（トゥレイド）は，富の基礎を構築し，またその富は力の基礎を築くのである。換言すれば，商工業（トゥレイド）が貨幣を集め，貨幣が軍隊を集める。すなわち，その活動が王たちを強力にし，国民を勇敢にする。そのため，最も賢明な君主や国々が，彼らの臣下の経済と産業活動（トゥレイド）の増大，ならびにその国の成長に熱心であり関心を抱くのを知ったとしても，われわれは少しも驚くに当らないのであるとデフォーは言及する。そしてそのため，場合によっては，保護貿易を政策的に実施することも必要であるとの思考をも展開するのである。しかもこの保護政策は，決してイギリス１国のみの行為としてではなく，他国，例えばフランス，ドイツなどがこれを実行するとしても当然であるとの認識をもつことになる。すなわち，デフォーは，幼稚産業（Infant Industry）保護論を支持し，その正当性を当然のこととし，理論を展開する。

　それによれば，「（君主たちの）臣下の製造業による商品で，しかも彼ら自身の国民を雇用するが如(ごと)き商品の販売を拡張するのに彼らが熱心であり，とりわけその領内の貨幣を国内に留めておき，逆に海外からの輸入——それは例えば他国産で，他国民の労働の産物であり，したがって交換の場合には，こちらの商品ではなく，貨幣をその代わりに運び去ってしまう——を禁止するような，そうした種類の商品の販売促進に熱心であったとして，それはむしろ当然である。またこのような君主や国々が，その隣国で成功裡に，また有利に製造業が営まれているのを見た場合，それを彼ら自身の国内にもうちたてようと努力するのをわれわれが知ったとしても，それは何ら怪しむに当らない。同様に他の国々からの，あらゆる正しくかつ可能な方法によって，これらの製造業をうちたてるのに適当な材料を入手しようとつとめているのを見たとしても，何ら不思議はないであろう」[12]とし，これらの幾つかの彼らの製品を禁止，もしくは禁止に等しい関税を課することは正当な原則であると考えるのである。

　さらにデフォーは，イギリス１国の富の増加だけではなく，世界全体としての富の増殖を商工業（トゥレイド）に求めるのであって，各国が世界に貢

献できるためには，それぞれの国民1人1人の生活が充実していることが必要であり，そのため人々は，仕事に勤勉であることが重要であり，それがあってこそ，世界を豊富にするのであると結論する。それによれば，すなわち，「商工業（トゥレイド）は，世界の富である。商工業（トゥレイド）は，1国と他国との間に貧富の差を生ぜしめる。商業（トゥレイド）は産業を育成し，産業は商業（トゥレイド）を生んでゆく。商業（トゥレイド）は世界にある自然の富をまき散らし，さらに商工業（トゥレイド）は自然が全く知らない新たな種類の富をつくり出す。それは2人の娘をもち，その生みおとす豊かな技術の成果は，人々に仕事を与えると言っていいだろう。すなわち，その娘とは，製造業と航海にほかならない[13]」のである。そしてそれらは，それぞれに製造業が商品を供給し，航海が船舶を提供する。さらに言えば製造業は貧民を養う慈善院であり，航海は船乗りを育てる育児所である。製造業は外国からの貨幣を意のままにし，航海は貨幣を本国にもち帰る。さらに製造業は船に荷物を積んで送り出し，航海は船に荷物を積んでもち帰る。すなわち，製造業は富であり，航海は力となる。「結論としていえば，国内で仕事を与える製造業も，また外国での仕事を提供する航海も，間違いなく世界を豊かにする[14]」のである。

　このデフォーの思考は，全くもって国際分業を展開することになる。その理由は，国際間で行なわれる分業は，少なくとも各国が特化すべき生産物や製造品において，他国に比較して絶対的においても，比較的においても優位となる点が重要視されることになる。幼稚産業を保護しながら，その下でまたその産業を育成する経済的および経済外的環境により優位性を生み出した産業によって他国に利益を与えると同時に，自国が利益を享受することができる様な状況を構築しなければならないからである。そのためには，各国が相互に十分な協業体制を組み立て，それを軸に分業体制を展開することが重要になってくる。その結果としてイギリス1国のみだけではなく，世界各国が以前よりも豊富になり，1人1人が富裕な生活を獲得できるとデフォーは論ずるのである。

（注）

1) Hjalmar Schacht, "*Das theoretische Gehalt des englischen Merkantilisumus, Berlin* 1900, SS. 60−65. 川鍋正敏訳『イギリス重商主義理論小史』未来社　1963年　60頁参照。
2) 山下幸夫『近代イギリスの経済思想』岩波書店　昭和43年　149頁以下参照。「ブリティッシュ・マーチャント」対「マーケイター」の論争が詳しい。17世紀のマーカンティリズムにおける Defoe については，次を参照せよ。Cf., P. J. Thomas, *Mercantilism and East India Trade*. Frank Cass & Co. LTD, London 1926, pp. 1−3.
3) Defoe, *Plan*, p. 1, 邦訳19頁。
4) *Ibid.*, p. 2, 同訳　19頁。
5) *Ibid.*, p. 2, 同訳　19頁。
6) Cf.,*Ibid.*, pp. 2−3, 同訳　19−21頁参照。
7) *Ibid.*, pp. 9−10, 同訳　26頁。
8) *Ibid.*, pp. 10−11, 同訳　26−27頁。
9) Cf.,*Ibid.*, pp. 17−18, 同訳　33頁参照。

　　この点に関してデフォーは，次のようにそれを述べている。すなわち，「食糧の消費が増すにつれて，より多くの土地が耕される。森林と共同地は耕され，改良される。またそこにより多くの農民が集められ，農業に必要な需要を満たすため，より多くの取引が要求される。要するに，土地が利用されるにつれて人口はいうまでもなく増加する。こうして取引は，あらゆる改良の車輪を始動させる。というのは，売り買いが始まってから今日に至るまで，一国の繁栄はまさに商工業（トゥレイド）が支持されるか，もしくは衰えるかに応じて，上昇または下降するように見えるからである」(*Ibid.*, p. 19, 邦訳　33−34頁)と述べている。労働と土地に関するデフォーの思考については，Cf., E. A. J. Johnson, *Predecessors of Adam Smith the Growth of British Economic Thought*. Augustus M. Kelley N. Y. 1965 pp. 249−250.

10) *Ibid.*, p. 38, 同訳　50頁。
11) Cf.,*Ibid.*, pp. 44−45, 同訳　54−55頁参照。
12) *Ibid.*, pp. 54−56, 同訳　63−65頁。
13) *Ibid.*, pp. 68−69, 同訳　75−76頁。
14) *Ibid.*, p. 69, 同訳　76頁。

## 3 外国貿易の本質

　17世紀および18世紀の最後の3分の1期までのイギリス資本主義の発展の諸条件のもとでは，一方では産業資本の発展にはいまだ未成熟であり，他方では前期的商業資本が世界商業の領域では，まだ圧倒的な影響力を持っていた。そのため，産業資本の生産物の海外への輸出と海外市場におけるその生産物の価値の実現とは，流通過程においてこの前期的商業資本に媒介されなければならなかった[1]。デフォーにおける貿易（トゥレイド）の概念は，非常に広義の意味で捉えられている。いわゆる外国貿易論という範ちゅうではなく，非常に広い世界画を描いているということになる。すなわち，彼によれば，「私がとくにイギリスの商工業（トゥレイド）について語る時，単にイギリス本土だけとしてあまりにも狭く，局限された意味に理解されてはならない。……イギリスをそうした地理的な意味にではなく，商工業（トゥレイド）なる言葉によって理解して欲しいと私は思う[2]」と述べており，それは大英帝国をして，それを中心にイギリスと関連するすべての国々の商工業（トゥレイド）との間の取引であり，それが本来の国際分業を形成することになると論ずる。そのため例えば，「イギリスの商工業（トゥレイド）と言う場合，それは，イギリスの版図内の取引のことであり，またイギリス政府に従属する国々の間の通商（トゥレイド）のことである。とりわけ，それは第1に大ブリテンとアイルランドの間の取引であり，第2にイギリスの植民地およびアメリカ，アジア，アフリカにある出先の商館によって行なわれる取引である。これらがすべてあい合わさって，イギリスの商工業（トゥレイド）を形成する[3]」のであり，そのため地理的に非常な広範囲な場所が考慮されなければならないことになる。

　すなわち，デフォーによれば，イギリスの商工業（トゥレイド）は，次の4項目の下において莫大な数量の取引が行なわれてきているとする。すなわち，(1)外国へのみ輸出するための，この国の産物および工業製品，(2)海運と航海，(3)われわれ自身の商品と，外国から輸入された商品の国内での消費，(4)これらすべての結果から生じる，また，これらの管理のための特殊な仕事

に対する人々の雇用，である。これらはまたオランダとの貿易上の特徴を比較することによって，より顕著にとらえられることになる。すなわち，「イギリスにおけるわが商業活動の元本は，すべてそれ自身の内部で調達しうるということである。……（しかしながら），オランダ人の貿易はすべて外国からのものである。それは単に買いと売り，商品の輸入と運搬から成っている。そして彼らがはじめに輸入したもの以外には，僅かしか，ないしは全く輸出をしない。彼らが造ると言われているリンネルですら，彼らはその大半の糸を，シレジエンやザクセンから輸入する。また残りの亜麻は，ロシア，ポーランドから買入れている。オランダ人は売るために買う。イギリス人は売るために植え，耕し，羊毛を刈り，そして織る。われわれの製品がわれわれ自身のものであるというだけでなく，その製品のほとんどすべての材料がわれわれのものである。（例えば）羊毛製品の場合，すべての材料は，われわれ自身のものであり，スペイン産羊毛は，外国産のものである。（また）金物製品では，錫，鉛などは自国産であり，銅と鉄もわれわれ自身のものであり，絹製品の場合にも，基本的原料は外国産ではあるが，それを改良し輸出用の産物としてのものは，すべてわれわれ自身のものか，植民地からのものである。……これらはすべてわが国富の元本であり，わが国民の数の増加の基となる」ものであると捉えている。

　換言すれば，イギリス貿易は，ヨーロッパにおけるいかなる国の中でも，国内の生産品を最大限に輸出し，外国の生産物は最大限に輸入する。輸出は外国からの富を蓄え，わが国民の数を増加させ，彼らを豊かにする。彼らは中産の身分で商工業（トゥレイド）に従事し，勤勉な国民で暮し向きがよく，国内の生産品と同様，外国品の巨大な消費に対しても機会を与える。このことは，世界のどのような国もこれに匹敵するものがないとの思料がデフォーにはみられる。

　事実，オランダ人は世界の運送業者であり貿易の仲立人，ヨーロッパの仲買人およびブローカーであった。この点に関連してデフォーも指摘し次のように論じている。すなわち，「オランダ人は再び売るために購入し，送り出すために受け入れる。彼らの膨大な商取引の最重要部分は，全世界に向けて

再度供給するために，世界のあらゆる地方からの商品の供給を受けることから成っている。……しかも彼らは，自らの手で生産した製品や生産物を何一つとして持ってはいない。海軍業者や船乗りとして，他国から品物を運び，運び出す以外には，自国民の労働の産物は，何一つとして持っていない。[7]」しかもオランダは，外国からの輸入品に対する国内消費も少なく，国民の数も諸外国と比べて少数である。しかしイギリスでは国土は広く，人口は豊富で，豊かな上に稔りが多い点は，認識されるべきであると考える。[8]

具体的に特に商工業のうち工業の製造業が行なわれることによって，今まで以上に雇用機会が創造され，労働者に十分な仕事も提供でき，それによって彼らの賃銀も上昇し，生活が一層裕富になってゆくことをデフォーは言及する。そしてそれは地主層と商工業者を比較してみても。後者が前者に優っているとした。[9] その理由を，イギリスの商工業者たちが，大抵の貧しい地主層よりも，その暮し向きは良好であり，またその地所は単に池にしかすぎないが，しかし商工業（トゥレイド）は泉であるのは真実であると捉えたからである。そのため，これらの労働者たちへの雇用創造が確実に行なわれ，賃銀が与えられ，またその賃銀が上昇するとすれば，ますます消費量が増加して，波及的効果により他の人々の暮しがよくなっていくのである。これらの人々の消費は，国に巨額な消費税を与え，「実に彼らの莫大な数によってこそ，取引のすべての車輪が動きはじめ，陸と海の製品ならびに産物が仕上げられ，加工の上保存され，そして海外の市場に適するように造り上げられる。[10]」またそれは，外国貿易にも影響を及ぼしていくことになる。すなわち，「もしも貧しい人々の賃銀が引き下げられるなら，消費量もまた減少する。もしも消費量が減るならば，ブランデー，油，果物，砂糖，タバコなどの外国からの輸入が減少しよう。もしも貧しい人々が貨幣を持たないとすれば，余計な物にそれを割くわけにはいかず，その貨幣を蓄えなければならない。国内の産物である通常の食糧の消費は，彼らの必要に依存しており，そして外国からの輸入品である特別な品物の消費は，彼の余剰にかかっている[11]」ことになる。

上述したように，デフォーによれば，イギリスとオランダの貿易上の相違

点は，もっと具体的に言えば毛織物業における相違に集約されよう。それによれば，「ベルギー（オランダとフランダース），ゴール（フランス）はともに少しも羊毛を生産しないため，彼らはイギリスより羊毛を購入し，それをベルギーで製造し，毛織物をまず自らに，後には近隣諸国にも供給し，こうしてオランダの富と力を大いに増強した。とりわけ無数の住民の群を彼らのもとに引きつけることにより，彼らは間もなく2，3の漁場の町，そして貧しい労働者の国から強力な国民になった。イギリス人もまたこの貿易の増大のもたらす利益を知り，羊毛から生ずる利益の分け前を獲得した。それはフランダース人がイギリス人の羊毛を大量に持ち帰り，それに高値をつけたからであった。……羊毛の量が多くなり，その価格も高くなるにつれて，貿易差額はイギリスにとって必然的に有利になった。イギリスはその後長年にわたって，羊毛や錫塊，鉛などの特産物によって，その対価は非常にプラスとなった。……このことがイギリスの国民をはなはだ豊かにし，彼らを現金でもって満たし，とりわけ土地所有者——バロン，ナイト，ジェントルマンなど——は，それによって非常に富裕になり，強力となった。」[12]

確かにデフォーは，オランダの貿易がきわめて大規模であったことについては認めているが，イギリスの加工貿易は，それ以上の経済効果をイギリスにもたらし，オランダ自体が貿易上イギリスに依存する関係が生まれてきている点は，さらに大きな意義があると考える。事実イギリスの加工貿易は，ヘンリー7世によってイギリス人自身に羊毛を加工させたことがその起源となっている。もし彼らの羊毛を製品にすることなく，むやみに国外に流出させたならば，その加工によって外国人が豊かになり，自国の国民の仕事がなくなり，国民が貧しくなる結果を生じる事実がでてくるはずであったが，ヘンリー7世がイギリスで毛織物工業を1489年から奨励を開始してから，エリザベス女王がその工業の完成をみたとされている1587年に至るまで，この偉大な事業は次第に拡大し，進展し続けたお陰でそれは実現しなかった。[13]

そしてデフォーは，一般にオランダ貿易がイギリスに大きく依存しなければならなかった状況をさらに言及して，次のように結んでいる。すなわち，「すべての交易，すべての富，すべての国民の雇用等々は，一にかかって原

料の供給，すなわちイギリスからの羊毛と漂布土の供給によるということであった。彼ら自身の間には，国中を探してみたところで1袋の羊毛もない。それで，もしもその供給の源泉が，仮に何らかの事故により万一止まるとするならば，彼らはすべて破産をし，その貿易は完全に停止する。したがって一言でいうならば，その製造工業は，イギリスからの供給なしには全く行ない得ないのであった。」そのため，エリザベス女王の貿易政策，すなわち羊毛の輸出禁止によって，ネザーランドの毛織物工業は致命的な打撃を受けた。これはスペインも同様で加工用の羊毛が入手できなくなったため，その仕事自体が直ちに停止し，貿易は息がたえ，死滅してしまった。天はイギリスに羊毛，すなわちあらゆる経済活動の生命であり，魂であり，そして起源でもある羊毛を神は世界のすべての国民を排除して与え給うた。これにより，イギリス貿易は，他のどの国のそれよりも大きくなったのである。

　デフォーにおいて貿易（トゥレイド）とは何か。すなわちその本質を解明するには，「土地の産物」と「国民の労働」という2点について接近しなければならない。デフォーによれば，「土地の産物」が貿易（トゥレイド）の基本であるという理由について，次のように述べられている。すなわち，貿易（トゥレイド）の場合の生産物の本質について，「貿易（トゥレイド）に関して生産物という場合，国内で消費され，わが国民によって使用される生産物部分を意味するのではない。また製造加工することなく消費されるすべての物の莫大な消費も除外する。……ここでの土地の産物というとき，それは海を越えて輸出されるような生産物部門を指しており，その輸出品には羊毛，穀物，石炭および皮革，錫と鉛，鉄および銅，魚ならびに塩，タバコ，砂糖および生姜，ラム酒，糖蜜，藍，ココア，ピメントーおよび薬種，毛皮，テレピン油，米，綿花，木材，マストおよび厚板などである。」そしてこれら産物に国民の労働が付加されて，事物の性質上その総額が倍加されていく事態を考慮してみると，わが国の貿易がこれらの生産物を基礎としていかに大きく拡大してきているかが理解できようとデフォーは捉える。

　そしてまた「国民の労働」に関しては，「これは労働を加える対象に応じて分類され，この労働が原料の本源的価値を益し加えてゆくと考えられる。

対象に対して労働がこのように付加される時,完成した品物は工業製品と呼ばれる」[16]とし,その製造品として前述同様羊毛を挙げる。そしてさらに全金物類製品について,その重要性をやはり外国貿易との関連で捉える。例えば,「わが国民の労働は,金物類が輸出される限り,その製品の外国貿易にかかわりをもつ」[17]のであり,その原料をはじめ,鋳造され,鍛造(たんぞう)された種目を含めるとこれは貿易全般のなかできわめて重要な品目となると論じる。船舶に関しても,デフォーはその多さを自負するようにイギリスの富の源泉としての一つの要因であるとして,それを取り上げている。「イギリスは,疑いもなく他のどの国より,特にオランダよりも多くの船舶を用いており,乗組員,造船業者もその数はより多い。例えば,政府はほとんど強制することなく,いかなる艦隊にも十分な乗組員を配置することができる」[18]のであるとして,イギリスの外国貿易の巨大さを証明している。

　イギリスの労働は,いかにその品物が国内で消費されようとも,それがなければ,われわれの貨幣によって外国人から購入したであろうようなそうした商品の製造に用いられる。したがってわが国民の労働は,年額にして100万ポンド以上の貨幣を節約することになる。それはたとえ儲けとは言えないまでも,その金は外国に送られず国内に留保されているのであるから,その結果わが外国貿易の差額は,それだけわれわれにとって有利となるのである[19]。またデフォーは,貿易差額の観点から,イギリス国内の消費を有効に行なうことで,一層貿易差額を順調にさせることに言及し,「わが国民の労働は,同じ国民によって消費されるとしても,それはさもなければ気まぐれで,つまらぬ物を買うために国外に流出するはずの100万ポンドの貨幣を国内に保つ手段となる」[20]としている。

　これにより当時のイギリスは,その輸出貿易の規模の大きさが,世界の何れの他の国々に比較してもそれよりも大きいものであることが理解されよう。そしてそれにより,すなわち,デフォーは,貿易取引としてのわが国自身の産物と工業製品,そしてサービス取引としての海運と航海に関しても絶対的に他国を凌駕(りょうが)しているのであると結論する。すなわち,デフォーの思考は,貿易上において単なる貿易取引のみを考慮しているだけではなく,そこにサ

ービス取引を考えている点が重要なのである。現実に海運や航海は,「われわれ自身の植民地から獲得されるにもかかわらず,つまりそれはイギリス国有の領土の産物であり,イギリス国民の労働の成果でありながら,また同じことだが,そのすべてがわれわれ自身の船で運ばれて,イギリス海運業の非常な隆盛に結果するはずであるにもかかわらず,われわれは惨めにもこれらのことを閑却し,もしくはそれを忘れ去って,これらの商品をわが現金によって他国より購入し,その大部分は外国の船で本国に運ばれて,貿易全体が間違った場所で営まれている。あるいはまた,いわば誤った水路にふみ込んで,他国に限りない利益を与え,彼らを富ましている」と警告して,イギリスのサービス取引の中核である海運,船舶業の隆盛を考慮することによって,その貿易差額がより一層イギリスにとって優位となることを提唱した。

(注)
1) 宇治田富造『重商主義植民地体制論Ⅱ』青木書店 1962年 185頁。
「1699年から1701年平均におけるイギリスの再輸出を含む輸出総額は641万9000ポンド(その内ロンドン港70%,外港30%)であり,輸入総額は584万9000ポンド(ロンドンの比率80%,外港20%)であった(同書Ⅰ,118頁。)」
2) Defoe, *Plan*, pp. 70-71, 邦訳77頁。デフォーの外国貿易論に関しては, Cf., E. A. J. Johnson, *op. cit.*, pp. 306-310.
3) Defoe, pp. 65., p. 72, 邦訳78頁。
4) Cf., *Ibid.*, p. 74, 同訳 80頁参照。
5) *Ibid.*, pp. 75-77, 同訳 81-83頁。
6) Cf., *Ibid.*, pp. 78-79, 同訳 84頁参照。デフォーの外国貿易論の全般については,都築忠七「ダニエル・ディフォウと英国商業」『山口大学経済学雑誌』1951年第1巻第3号 89-117頁を参照。
7) *Ibid.*, p. 192, 同訳 179頁。
8) Cf.,*Ibid.*, pp. 192-193, 同訳 179-180頁参照。
9) Cf.,*Ibid.*, pp. 89-90, 同訳 93頁参照。山下幸夫 前掲書 第5章「デフォウの経済循環論と土地所有層」を参照。
10) *Ibid.*, p. 102, 同訳 103頁。
11) *Ibid.*, p. 103, 同訳 104頁。
12) *Ibid.*, pp. 117-120, 同訳 115-118頁。

13) Cf., *Ibid.,* p. 131, 同訳　127頁。
14) *Ibid.,* p. 126, 同訳　123頁。
15) *Ibid.,* pp. 154−156, 同訳　145−146頁。
16) *Ibid.,* p. 156, 同訳　147頁。
17) *Ibid.,* p. 165, 同訳　154頁。
18) *Ibid.,* p. 167, 同訳　156頁。
19) Cf., *Ibid.,* p. 165, 同訳　154頁参照。
20) *Ibid.,* p. 165, 同訳　154頁。
21) *Ibid.,* p. 223, 同訳　207−208頁。

## 4　植民地貿易論

　植民地政策論は，重商主義の経済論の必然の発展としてそれを不可分の関係において論ぜられる。まず基本的なものは，貿易均衡に有利なような政策を採ることであった。すなわち自国の生産力の発展を促進させるような政策，いわば植民地を媒介物として自給自足と経済的進展をなしえる政策である[1]。
　植民地の創設に対する目的は，当初商業的経済的意図をもって行なわれたというよりも移民そのもの，また宗教的，政治的動機による場合，さらに諸外国を威圧する上での海外勢力の拡大政策が主目的であった。特に17世紀中葉から副次的な目的であった経済的，商業的目的が主流となってきた[2]。デフォーの植民地に関する考え方によれば，植民地貿易は，イギリスの富を形成する上で，非常に大きなウェイトを占めていることが認識されている。もちろんそれは，自給自足的な商業立国の建設という経済構造を打ちたてる上で重商主義の目的であった。すなわち，原材料の供給地として，また製品需要地として本来持っている植民地の利点を考慮してのことではあったが，デフォーの場合重商主義的政策の1つとしての植民地政策の特徴を強調するだけではなかった。彼はもっと進んで植民地を1つの地域として建設するためにはどのような政策——17世紀後半に至ると，植民地が自己発展をなし，植民地の争奪戦が一般化されるに至るが——を実行していけばいいのかについて論及している。すなわち，「新しい植民地の建設とすでに植民した地域の一

層の改善とは，（その人民を文明化し，未開の諸国民に新たな生活を享受させるための進歩改善）を有効におし進める。消費が増加し，需要がそのように増大すれば，わが貿易は繁栄するからである。植民地との通商は，公的権力，権威によって乗り出せば，たとえわが製造業者らがいかにその市場に多量の商品を供給したとしても，市場を供給過剰にすることはきわめて難しく，またどのような禁止令をもってしても，その通商の流れをくい止めることはできないであろう」[3]と考える。

またデフォーは，イギリス国民が貿易拡大政策として何をすべきかについて，それと関係して植民地を挙げ，次のように述べている。「なすべきことは，第1に手頃で実現可能なすべての遠隔地に自国の植民地を増やしてゆき，……その地の野蛮人と土着民を文明化し，教育を施して，彼らを最も優しく穏やかな方法によって，彼ら自身の国の慣行と風習に従うようにさせ，そしてわが国の中に彼らを国民の1人として編入することである。……さまざまな慣行と風習を統合して，彼らがキリスト教徒と同様な生活を営みうるように仕向けることである」[4]と。そして植民地が文明化されることによる文明化された人々の増加は，イギリスの製品への需要の程度の大小は別として，大体に貿易と通商を拡大するに相違ないと論ずる。

さらにデフォーのより多くの植民地が疑いもなく通商を拡大することになるという考え方に関して，その点に言及してみよう。彼によれば，すなわち，「植民地は活動の分野を広げてゆく。植民地はまた公共の繁栄を助けるために，より多くの人手を要求する。植民地はあなた方の貧民のうち，特に役立たない者たちを役立つように仕事につけ，そして貿易拡大のための基礎を築き，それによって本国からのなお一層大きな輸出が行なわれるようになる。（例えば），かりに私が世界のある場所を提唱したと考えられたい。その場所に，もしもイギリス人が彼らの国民のうちのある数を，たとえそれが極貧で，また最も賤しい人々であるとしても，彼らがもっぱら勤勉で生活意欲に燃えているとして，その人々をいま植民しえたと仮定する。……（すなわち），いま1箇所に土地があり，そこに1国のイギリス人が植民を行なったとすれば，穀物や家畜のような現地自体での産物によって，直ちに彼らを養えるであろ

うということである。第1年目の生活必需物資をこちらから提供すること以外, 何の援助も必要としない。また彼らの人数も次々と増加するものとする。(その結果), 植民地の増加は, 国民の数を増し, 国民数の増加は工業製品の消費を, 工業製品は貿易を, 貿易は海運を, 海運は船員をそれぞれ増加させる。そしてこれらすべては, イギリスの富と力, 繁栄を増し加えてゆくのである。」そしてこれは仮定ではなく現実のものとなっていったのである。

事実, デフォーの言うように, 植民地を拡大することによって, 自国の貿易を増大させ, 国富を増加させるために各国が競って実施したものであった。そのため, 原材料の供給地として優位な場所, 自国製品の需要地として多くのものを使用する場所は, すぐにも当時の先進国によって奪い取られてしまった。植民地の創設は16世紀にはスペイン, ポルトガル, 17世紀ではフランス, オランダであった。イギリスはオランダの後をおってヨーロッパを舞台に抬頭して来た頃には, かなりな地域は旧植民地体制下で分割されていた。そのため, イギリスは新しい植民地として, 国民を定着させるとともに, それに続いて貿易が行なわれるような場所を捜すことが必要となってくる。デフォーは, まだその地域が十分残されており,「それらの地域には10万に及ぶ人々が直ちに植民し, 家を建て, 食糧を見出し, そして豊かに生活することができる」と確信した。

デフォーは, もし植民地が死滅するようなことがあった場合, イギリス本国自身も死がなければならないのであると断言する。すなわち, 彼らの血液は, われわれの血管の中を流れ, 全く同じ血液なのであり, 同様に循環するのである。植民地は, あらゆる面でイギリスの1部分であり, 植民地を重要視しない場合には, イギリス自身が大変なことになるとの考えを持つのである。「植民地は, われわれ自身の一部であるから, 貿易上の計算では, 常にわれわれの他の計算とともに集計されねばならない。そして, 植民地の産物がわれわれ自身のものと考えられていると同様, 植民地の消費もまたわれわれ自身のものとすべきである。それ故, 植民地からの輸入は外国からの輸入として計算されず, 国内の生産物と見なされている。」

デフォーは, アメリカ貿易と並んでアフリカ貿易を非常に重要視していた

ことがわかる。例えば,「アフリカ貿易というものは,そこからアメリカのイギリス植民地——とりわけ西インド諸島やヴァージニア——に向けて輸出される奴隷貿易にかかわっている。これらの奴隷は,アフリカの商館を通じてのイギリス貿易の産物であるから,その限りではイギリスの輸出の1部門であると言ってよい。それは丁度,はじめにまずイギリスに運ばれ,ここに陸揚げされ,それから再び外国に送られるか,あるいは特許状によって西インド諸島にか,もしくは南洋会社によってニュー・スペインに輸出される商品の如きものである。これらの奴隷の数は非常に多く,またその価額は莫大である。1人当り20〜30ポンドである。その生国では30〜50シリングであることを考えれば,限りなく利益の多い貿易である」[9]ことをあげている。

デフォーは,正にここにおいて,イギリスすなわちヨーロッパ,アフリカ,アメリカという3国地域を眼中に入れ,三角貿易を形成すべき貿易を考えていたのである。すなわち,イギリスからは工業製品をアフリカに輸出し,アフリカからは奴隷をアメリカに輸出し,アメリカからは銀,砂糖をイギリスに輸出するという,所謂各地域それぞれが三角形のそれぞれの頂点において,相互関係を形づくっていると論ずるのである。

そして,植民地貿易,これこそが「新しい通商の世界を勃興させ,新たな貿易の基礎を拡大し拡張するとともに,海運業と製造業の増大のために門戸を開くものである。こうした企てを行なうための場所はきわめて多く,われわれの利益はかくも大きい。……しかもその植民は,本国の領土の5倍を拡大させるだけでなく,その豊かさもともに5倍となる」[10]と提唱する。

デフォーによれば,「知らない土地で新しく発見され,無人島や未耕作のアメリカ大陸で,新しく居留地や栽培地が作られ,新しい植民地が建設され,新しい政府が形成されたのは,商業による所が大きい。そしてこうした植民地が,再び商業とそれによって植民地を発見し,植民した国民の富と力とを拡大し,増大させた」[11]のである。植民地生産物の本国への輸出により,植民地は豊かになり,さらに本国から多量の植民地生産物が,再輸出されることによって,「こうしたすべてのものが,非常に多くの船舶とイギリス人の船乗りを雇用する他,再びそれらの植民地に向けて,あらゆる種類のわが国内

製品の，非常に大きな輸出を創出する[12]」ことになる。

(注)
1) 黒田謙一『植民経済論』弘文堂書房　昭和13年　17-18頁参照。
2) 矢口孝次郎『イギリス政治経済史』同文館　昭和17年　171頁参照。
デフォーを含めて重商主義国家間の国際的分析に関しては，Philip W. Buck. *The Politics of Mercantilism*, Octagon Books, 1974, pp. 113-120を参照のこと。
3) D. Defoe, *Plan,* pp. x-xi, 邦訳 9 -10頁。
4) *Ibid.,* p. 341, 同訳　307-308頁。
5) *Ibid.,* pp. 366-368, 同訳　330-331頁。
6) *Ibid.,* pp. 367-368, 同訳　331頁。
7) ウィリアム・ウッド（W. Wood）は，同様に「植民地は，その本国の力でもあり，富でもある。もちろん植民地が本国の統制下にある限り，またわが植民地が彼らの血管の中にイギリス人の血液をもち，イギリスに血縁者のある限りにおいてである」（*A Survey of Trade,* London 1718, p. 154）といっている。
8) *Ibid.,* p. 206, 同訳　191頁。
9) *Ibid.,* pp. 243-244, 同訳　224-225頁。
10) *Ibid.,* p. xiv, 同訳　13頁。
11) D. Defoe, *The Complete English Tradesman : Directing him in the several PRTS snd PROGRESSIONS of TRADE, From his First Entering upon Business, to his Leaving off.* ……London Vol. I 1725, II 1727 p. 315 (Vol. I).
12) *Ibid.,* p. 321 (vol. I).

## 5　むすび

デフォーが，外国貿易において自由貿易を説き，また植民地政策論においても重商主義の旧植民地政策を一歩進めた考えを展開したことはすでに述べてきた。しかしながら，デフォーのこれら2つの政策論に関して，その接点を言及する必要があろうと思われる。すなわち，換言すれば，デフォーは，どのような観点に立って自由貿易を唱え，新しい植民地政策を論じたのかと

いう点についてである。結論的に言えば、彼は国際間において最適な経済関係、すなわち国際分業の構築をその理論の頂点において論理展開していたと思われる。当然のように、イギリス1国の経済構図を中心にして描いていることには相違ないが、そこから発生して国際間における国際分業の編成が考えられている。すなわち、例えば"トゥレイドは世界の富である""トゥレイドは1国と他国との間に貧富の差を生じせしめる。そのためトゥレイドを進展すれば、産業も商業もおのずと育成され、世界に貢献することができる"との思考である。

A. スミスが、国際分業を論じた様に（素朴ではあったが）、デフォーも、それを1工場、1部門内での技術的、作業分業からの利益から社会的分業、そして国際分業という流れの中でシェーマ化させる。デフォーは、世界中に富をもたらすトゥレイドの重要な要因として製造業と航海を挙げ（visible trade と invisible trade、すなわち貿易取引とサービス取引を考慮している）、例えば、造船業についてその作業分業、社会的分業について次のように述べている。すなわち、「木材、厚板、鉄製の金具、マスト、索具、タール、大麻、亜麻、油これらすべてのものは、異なった数の人々の手を経て、造船業者の仕事場に集められ、据えられる。そして造船のためにいかに多くの人手が雇用され、またいかに多様な技術が必要となるのか。すなわち、大工、まいはだ工（防水職人）、マスト製造工、指物工、彫工、塗装工、鍛冶工等々は、船体を仕上げる。次に帆布製造人、ロープ製造人、錨製造工などの職人が雇用され、さらにまた船舶の雑貨・食糧品の販売人、酒屋、肉屋、パン屋などが登場し、これらすべてが航海を助けるのである。……その後も船の操縦として船長、船員が必要となり、貨物に関しても乙仲、販売業者等が関連してくる」[1]と述べている。そして、イギリスが船舶を建造したり、修繕するために必要な用材の輸入は、イギリスが毛織物製品の代わりとして、東インド、北海からもたらされなければならない。

例えば、船舶や建築用材だけに関してみても、ロシア領からタール、大麻、亜麻、スペイン、スウェーデンから鉄、銅、樅の引き板、ノルウェーより材木・樅材、マストなど、デンマーク（アイスランド）、イタリアより油、硫黄、

ロジンなどと多くの種類の原材料が他の多くの国々からイギリスに輸入されている。他の部門においてもおして知るべしであろう、とデフォーは捉える。世界の異なった地形、風土、気候を持つ国々は、さまざまに異なった種類の産物を提供し、産出した。そしてこれらの産物を相互に交換することによって、お互いにその便益性、必要性、快楽性に貢献してきた。豊富な国と不毛の国がそれぞれ相互に産物を交換授受することにより、ある国が欠乏し、欲している産物を他国が補うという相互補完関係が成り立つ。イギリスが羊毛、毛織物製品を、アメリカは砂糖、タバコを、デンマークの硫黄などが商人の手によって交換される。いかなる国でも、他国が持たないような産物を享受することができるのである。すなわち、それは、貿易差額が順調であるか逆調であるかを決定することよりも、神の無限の知恵によって世界中にばら蒔かれた無限の種類の産物を各国が相互に融通してこそ、国民の生活は豊かになるのであり、それを結びつけるのが貿易である。デフォーは、世界のすべての貿易国が相互依存関係で自由に貿易を行えば、貿易は必ず盛んになり、国民の富の生命をより豊かにさせることができると考えたのである。

（注）

1) D. Defoe, *Plan*, p. v-vi, 邦訳 4 - 6 頁。
2) *Ibid.*, p. 222, 邦訳206-207頁。
3) Cf., D. Defoe, *Weekley Review*, vol. 9, No. 55
　　天川潤次郎『デフォー研究』未来社　1966年　129-137頁参照。

# 第4章 ジョン・ローの貿易論

## 1 はじめに

　ジョン・ロー（John Law 1671-1729）[1]の経済思想は，その著書『貨幣と商業（"Money and Trade"）』[2]によって理解することができる。重商主義期におけるヨーロッパでは，実物経済社会から貨幣経済社会への急速な移行と，国富イコール貨幣という思想は，人々をして貨幣に対する欲望の増殖を高め，それは結果として一層の貨幣不足をもたらした。そしてそれに対処するための方策が，当時経済思想の第一義的な課題として議論されていた。
　ローにおいても，この視点に立って彼の理論を展開することになる。特に当時のスコットランドの経済復興に大いに関心を示していた彼は，上述の著書を1705年にエジンバラから上梓した。それによれば，例えば「スコットランドも欧州の他の諸国よりも貿易を拡大する可能性を有している。それにもかかわらず，この国は甚だ悲惨な状態に引下げられている。貿易は衰退し，国民資金は涸渇し，国民はその国を見棄てている。地代は不払となり，都市の家屋や地方の畑は，所有者の手に戻され，債権者は生計を立てるのに充分なだけの利子を，その貨幣から生み出すことができず，さらに債務者は自分自身も財産も法律によって追求されているのである」[3]と述べている。このようにして，ローは貨幣を増加させる方策を提案し，その増加によって国内の雇用機会を拡大させ，またそれは生産の増大をもたらし，輸出を増加させることになるとし，それによってまた経済的復興が可能となり，拡大することになると思考したのである。本書では，J. ローの理論が貨幣信用論を基礎として，貿易論が展開されている所為によりそれに追従し，彼の考えをとらえていきたいと思う。

(注)

1) ジョン・ローは，スコットランド出身の銀行家であり，摂政オルレアン公（Philippe III）の保護を受け，パリで総銀行設立の認可状を得，その後それを王立銀行と改組した。そして自ら財務総監に就き活躍するが，公債処理のため，多額の銀行券を発行，紙幣濫発と投機拡張は，大きな危機を招いた（Pierre Deyon, *Le Mercantilism*, 1969 神戸大学『重商主義とは何か』晃洋書房 1981年 86頁.) Cf., Charles Rist, *Histoire des Doctrines relatives au Crédit et à la Monnaie, depuis John Law jusqu'à nos jours*, Paris, Recueil Sirey, 1938. ss. 18-55. 天沼紳一郎訳『貨幣信用学説史』實業之日本社 昭和18年 18-55頁参照。Joseph A. Schumpeter, *History of Economic Analysis*, 1954. Vol. II p. 295, pp. 320-322。東畑精一郎訳『経済分析の歴史II』岩波書店。1980年 617頁，675-678頁参照。高橋誠一郎『改訂重商主義経済学説研究』改造社。昭和18年 419-424頁参照。

2) 本書の原書名は，"*Money and Trade CONSIDERED, WITH A PROPOSAL For Supplying the NATION with MONEY.*" 1705（『貨幣と商業に関する考察，ならびに国民に貨幣を供給するための一提案』）である。本稿では，AUGUSTUS M. KELLEYのReprints of Economic Classics. 1966年版を使用した。以下，"*Money and Trade*"（『貨幣と商業』）と略称する。また『ジョン・ロー全集』の第2巻に所収されている『商業再建論』1715年は，ローのものとしては不確実性が高いので，本稿では使用しなかった。参考としては，赤羽 裕『アンシャン・レジーム論序説』みすず書房 1978年 第四章を見よ。

3) J. Law, *Money and Trade*, p. 113. 翻訳は吉田啓一『ジョン・ローの研究』泉文堂 昭和43年 所収の「ジョン・ロー貨幣と商業（全訳）」を使用させていただいたが，所々訳文は変えて用いた。邦訳309頁。

## 2 貨幣の貿易への影響

まず第1にJ. ローが考慮していた諸点は，貨幣が非常に欠乏して，国民が一層困窮に陥ってしまう状況にかんがみて，種々の提案を行ったことである。これは，ロー自身がその経済理論において，本質的にはイギリス重商主義思想の系譜につながるものである。そのため，最も不安定的で，最も有利な，また最も現実性のある方法を正確に分析することが必要であり，次の3

つの要因を検討しなければならないと論ずる。その要因の第1は，貨幣とは何かについて考察すること。第2には，貨幣として何故銀を使用するのかについて論ずること。第3には，商業の本質および貨幣が商業に対してどのような影響を与えているのか，また第4には，貨幣の保有方法や増加方策に関して過去，現在の諸提案を吟味し，考察されなければならないことを提言する[1]。

　J. ローは，まず実物経済社会と貨幣経済社会とを比較し，物々交換を中心とした実物経済社会の不便な点を列挙して，貨幣がいかに重要で経済社会にとって必要であり，経済社会が一層進展するに従って，その必然性が高まってくる点を考慮し，貨幣について言及している。すなわち，「人間が貨幣の使用を知る以前には，商品は物々交換もしくは，商品によって支払われる契約によって交換されていた。このような物々交換の過程は，非常な不便と不利とを伴っている。第1に，物々交換を欲している人は，その商品を求めている人や，彼が交換したいと思っている物を所有している人を，必ずしも常に見い出すことはできないであろう。第2に，商品によって支払うという契約も不確実である。なぜならば，同じ種類の商品も価値が同じではないからである。第3は，商品相互間にある価値の比率を知らせることのできる尺度が存在しないことである[2]」として，貨幣の本来有している機能により，その役割がいかに重要であり，有用であるかについて，重商主義的視点でその認識を示唆している。

　また実物経済社会から貨幣経済社会に移行する過程において，貨幣として金属を使用することになる必然性に関して彼の見解を提言する。そして金，銅よりも特に銀に対する有用性を取り上げ，それについて言及する。「金属としての銀は，他の商品と同じようにそれが用いられる用途に比例して交換価値をもつ。同一種類の商品が価値を異にするのと同様に，銀も純度の高低に従って，金属としての銀の価値を異にする。また他の商品と同様に銀もそれに対する需要あるいは存在量の変化によって，その価値に変化をきたす[3]」として，銀に対する使用価値を認め，また交換過程で発生する交換価値をそこにおいてとられている。

銀という金属が，貨幣として機能するのに適当な諸性質を有している理由を，J. ローは次の諸要点を挙げ論じている。まずその1つは，銀は常に変化しない純度をもっていること。永久的，不変的な性質を有しており腐敗しないこと。2つとしては，その本来の性質上輸送が，引渡しが容易であること。その3つとして，保有上銀は，その不変性と容積の少なさのため，損失も費用もかからないこと。4つとして，価値において損失をこうむることなく，これを分割することができることなどを列挙している。そしてさらに，銀が他の金属との比較において，何故貨幣として有効な金属なのかについて次のように述べている。

例えば，「同じ性質を有するならば，他の種類の商品も，その価値に等しい貨幣とすることができたであろうし，また現在でもできるであろう。金も銅も貨幣にすることができるであろう。金や銅も貨幣にすることができるが，両者はいずれも銀ほど便利ではない。なぜなら銅による支払いはその量の多いことでは不便であり，金においても貨幣として使用するのに充分な数量が存在していない。金の豊富な国ではそれを貨幣として使用し，金や銀の不足している諸国では，銅が貨幣として使用されている。金はこの金属の交換が極めて便利であるために貨幣とされ，銅は小額支払いに当てるために貨幣とされる。しかし銀は商品を評価する尺度であり，商品が交換される対価であり，かつこれによって契約の支払いが約束されるものである[4]」と論じている。

一般的に説明されているように，本来貨幣の職能として，基本的，本質的な職能と派生的なそれを含めてみても，(1)一般的交換手段機能，(2)一般的支払手段機能，(3)一般的価値尺度機能，(4)価値の貯蔵手段機能などが生じるが，ローにおいても同一の思考が明確化されている。特に彼はジョン・ロックやその他の者に対する批判を加えつつ，次のように論じている。「ロック氏その他の人々は，銀の性質の故に，すなわち貨幣として適当である故に，銀に対して想定的な価値を与えることが一般的に承認されているのであるとしている。(しかしながら，どうして) 多くの国民がある財に対して，特に銀に対して，どうして想定的な価値を与え，これによって他のすべての商品を評価するというようなことに同意することができるか，わたしには了解できない。

またいかなる国も，その国が与えたものと同じ価値を持たぬものを，価値として受取ることを欲しないであろう。またどうしてこの想定的な価値を維持することができるであろうか」と論じている。

すなわち，「銀は金属としての用途に従って評価された価値によって交換され，交換における価値に従って，貨幣として価値を与えられると考えるのは合理的である。銀貨の鋳造という新しい用途は，その価値を増大させるであろう。なぜならば，それは貨幣として物々交換の不利や不便を取除くからである。そして銀に対する需要が増加するようになる結果，銀は貨幣としての用途によってもたらされた需要の増加と同じ割合で，付加的な価値をもつようになる。そしてこの付加的な価値は，銀が交換に際して金属として有する価値以上に想定的なものではない。なぜならば，ある価値は，ある用途への適用から生ずるものであり，またその大小は，金属としての銀に対する需要と，その存在量に比例するからである。銀が貨幣としての用途から得た付加的な価値は，この用途に適切であるという性質に由来するものである。すなわち，この価値は，貨幣としての用途によって生じた付加的な需要に基づいているのである。もしこれらの価値が想定的なものであるならば，あらゆる価値はみな想定的である。なぜならば，いかなる者も使用する用途により，われわれのもつ需要とその存在量との比例によってのみ価値を有するものだからである」とする。

そしてJ. ローは，「貨幣が増加するにしたがって，物々交換に伴う不利や不便は取除かれる。そこで，貧者や無職者は雇用され，いっそう広い土地が耕作され，生産は増加し，商工業は改善され，土地所有者はいっそう良い生活をするようになり，国民の下層階級も彼等に依存することが少なくなるのである」と結論する。確かにJ. ローは，人口・雇用・産業の増大のための原因として貨幣の役割を考える重商主義伝統の立場にたち，イギリス，とくにスコットランドが全人口を雇用するにたりるだけの貨幣をもったことはいまだかつてないとしたが，ここで貨幣収支のバランスを追求する古い重商主義的方策から一歩でて，単に貴金属貨幣にかわるだけでなく，むしろそれにまさるものとしての紙幣の意義を強調した。重商主義的経済思想の本質では，

国富は貨幣の増大に伴って増殖するのであり，そのためには必然的に商業，特に外国貿易を繁栄させることが，貨幣増加の源泉を意味し，とりもなおさず富の増加に結果することになろう。ローの見解が，ペーパー・マネー・マーカンティリズム（Paper Money Merchantirism）と呼ばれた理由は上述の視点で理解されよう[9]。

そのため，さらにJ. ローの貨幣に関する理論を展開してみよう。まず彼は貨幣を増大させるために用いられる最良の方法を銀行に求めている。それによれば，「銀行は，銀行にある正貨よりもかなり多くの紙幣を発行することによって，相当額の通貨を増加させた。王に貸出した額は，利益を伴って流通し，貿易においては正貨と同じ効果を有した。……その紙幣の額は，銀行にある正貨の4～5倍にのぼった。預金されている正貨よりも紙幣が超過していることは，それだけこの国の通貨を多くしているのである。……この紙幣によって，銀行は，この国へ貨幣をもたらすような他の方策が採用されるまで，その信用を保持することができたであろう。たとえ貨幣の騰貴の噂があったとしても，銀行の正貨を数日間涸渇させ，支払停止を余儀なくさせるような極端な要求は起こらなかったであろう」[10]と論ずる。そしてさらに，「貨幣の増加や改鋳によって，その価値を増加させることができるならば，また対内的にも対外的にも，商業に良い結果をもたらすものであるならば，いかなる国も通貨に不足することはないであろう」[11]ことになる。

貨幣に必要な性質を有するならば，他のいかなる商品も，安全性と便宜さをもって，その価値に等しい貨幣となり得るであろうし，われわれが銀を貨幣としているのは，単なる気まぐれや思付きではない。それがこの用途に適当であると判断したからにほかならないとの思考で論理を展開する。すなわち，J. ローは，「いま私が立証しようとしているのは，銀行以上に貨幣に必要な性質を有し，そのうえ銀を持っていないような別の性質を有し，たとえ銀がスコットランドの産物であるとしても，むしろこの用途に選ばれるような別の貨幣を創設することである。すなわちこの貨幣によって，人々は雇用され，国土は開発され，工業が助長され，国内および外国貿易が運営され，富と力とがわがものとなるようなことを立証しようとしているのである」[12]と

する。

　J. ローの提案は，貨幣の機能からみて，銀よりもっと適している物があり，それは銀貨の欠点を十分に補うものである。それは，土地を貨幣発行の担保として，貨幣を発行することであった。「土地の改良が行われれば行われるだけ，また土地の供給は常に同じであるから，その需要が増大すればするだけ，土地の価値は増大するであろう。銀の価値は，その需要が同じ割合で増加しなければ，その供給が増加するだけ，減少し続けるであろう。なぜならば，銀の供給は，その需要に依存しないからである」[13]との考えを展開する。

　換言すれば，「この土地貨幣は，それが貨幣として使用されている事実から，いかなる附加的な価値をも加えられることがないであろう。それ故何年かの後，貨幣としての使用が停止された場合でも，これを受取った人はなんの損害も蒙らないであろう。土地は，貨幣発行の担保として用いられていることから，附加的な価値をもつであろう。そしてこの附加的価値は，銀のそれよりもはるかに大きいであろう。なぜならば，土地は貨幣発行の担保として使用されていても，他の使用を妨げられることはない。銀は同時に貨幣としたり，銀器としたりすることはできないが，土地は，あらゆる需要を充たすのに必要である量よりも，はるかに多くの量があるので，それが取得する附加的な価値は，銀が取得したものほど大なるものではないであろう」[14]ことになる。

　すなわちJ. ローによれば，銀よりも一層卓越した物を貨幣とすればいいのである。なぜならば，「それは貨幣としての使用からなんらの価値の増加も生じていないし，需要と供給が同じように増減するので，全く価値変化の対象とはなっていないのである。そこでこれは，商品を評価する尺度とするにも，商品を交換し，契約において支払われる価値とするにも，一層適当なのである」[15]と，ローは土地貨幣を金属貨幣の完全な代替物と解し，その点を言及しながら，土地を貨幣とした紙幣が本来銀よりはるかに多くの貨幣に必要な性質を有しているとして，その理由を列挙する。すなわち，その１つとして紙幣は移転が一層容易である。紙幣500ポンドの支払の方が，銀５ポン

ドよりも時間がかからないこと。2つ目には，輸送が容易なので，常にある場所における価値は，他の場所における価値に一層接近すること。3つ目には，容積が少ないので補完が一層容易になるし，紙の消費は銀ほど大きな費用ではないこと。4つ目には，当局において小額紙幣と交換することができるので，損害なしに分割できること。5つ目は，紙幣は印刷に適しているので，偽造の対象となることが銀よりも少ないことなどであるとする。[16]

　実際多くの商業国家が実行してきたのであるが，価値を有するならば紙幣の方が銀よりも貨幣として適していることを立証している。イングランドにおいては，銀行が設立される以前には，金匠の紙幣が支払に際して金や銀より貨幣として必要なあらゆる性質を具備していることを示している。事実銀行券は，それが任意的に受取られるというだけで流通するのであるから，銀行に正貨がないとしても，少なくとも同じ流通性を持つと考えられるのは当然である。法律によって保証される流通は，価値をなんら減少させるものではない。それだけ安全性が高く，安定しているのであるとのローの思考は，土地が最も価値を有し，他の商品よりも価値の増加につながるため，土地を基礎としてその上に造出された紙幣は，単に他の商品と等しいことを保つだけではなく，価値においてそれ以上となるのである。J. ローによれば，「土地は紙幣によって置替えられることができる。そしてそれは銀よりも貨幣として必要な性質をはるかに多く持っている[17]」のである。

　その結果，J. ローは，「提案されている紙幣は常に需要と同じだけの供給があるので，住民は雇用され，国土は改良され，工業は改善され，国内商業および外国貿易は拡大され，そして力と富とを得させるであろう。最後にこの貨幣は輸出されるものではないので，住民は労働を失うことはない。力と富とはますます安定的なものになるであろう[18]」と結論をくだすのである。

　確かに土地を担保として貨幣発行を実施しようとの考え方には，何んらかの欠陥が指摘されてきている。事実，J. ローの「システム」はフランスでは失敗したことを考慮すると，その理由は明確化されよう。しかし彼の貨幣理論，その本質には国家，国民の繁栄をもたらすような経済構造の構築にあったことは確固たる理念があったものと思われる。[19]

(注)

1) J. Law, *Money and Trade*, p. 3. 邦訳203頁。
2) *Ibid.,* p. 5. 同訳　205頁。
3) *Ibid.,* pp. 6-7. 邦訳206頁。交換価値の大きさが使用価値の大きさと一致しないこと，すなわち後者で前者を秤量し表示しえないことが，スミスの先人であるローやハリスによっての設例の水とダイヤモンドとの例によって確認される。(『小林昇経済学史著作集Ⅰ』未来社　1976年　183-184頁参照。)
4) *Ibid.,* p. 11. 邦訳210-211頁。またローは，「自分で使用し得る以上に商品を持っている者は，たとえ銀に対して欲望を持たなくとも，その商品を銀と物々交換することを求めるだろう。なぜなら，銀は永久的な性質を有し，輸送が容易であり，損失も費用もかからずに保有することができるからである。また損失なしに分割することもでき，異なった土地においても価値が等しいので，この銀の全部もしくは一部分をもって，自国内においても外国においても，自分の欲望に従って他の商品を買うことができるからである」(*Ibid.,* p. 7. 邦訳207頁)とも述べている。
5) *Ibid.,* p. 9. 同訳　209頁。
6) *Ibid.,* p. 10. 同訳　210頁。
7) *Ibid.,* p. 11. 同訳　211頁。
8) 杉山忠平『イギリス信用思想史研究』未来社　1963年　4頁参照。また，「かれは貨幣としての紙券の適合性をオランダやイングランドにおける紙幣の流通を実例にあげ主張する。しかもかれは貴金属が需給関係によって容易に価値を変ずるのに対して，供給において不変であり，したがって需要によって不断に価値を増大するものは土地であるという判断から，つまり『土地はもっとも価値あるものであり，かつ他の財貨よりも価値を増大する』という前提に立って，貴金属を裏づけとした紙幣ではなく，土地によって支持されたそれを提唱したのである。この考えかたはのちのジェイムズ・ステュアートの貨幣＝信用論をあざやかに先駆しつつ，紙幣主義の理論的原型をしめすばかりではなく，さらにかれがこの主張をやがて実際の企画として現実化したという点で，一層ローの名前をきわだたせる」に至ったのである（同書4頁）。新庄博「ジョン・ローの貨幣論」『国民経済雑誌』45の4，同「土地貨幣の研究」『国民経済雑誌』52の5・6，53の2を参照。
9) Cf., Eli F. Heckscher, *MERCANTILISM vol.,* Two. Chap., 4. Inflation, Paper Money Mercantilism, p. 234.
10) J. Law, *op, cit.,* pp. 38-39. 邦訳238-239頁。

11) *Ibid.*, p. 44. 同訳　243頁。
12) *Ibid.*, pp. 60-61. 同訳　260頁。
13) *Ibid.*, p. 70. 同訳　269頁。
14) *Ibid.*, pp. 91-92. 同訳　289頁。
15) *Ibid.*, p. 92. 同訳　290頁。またヒュー・チェインバレン (Hugh Chamberlen) とJ. ローの提案書に関しては, 杉山忠平　前掲書　104頁　第3章ヒュー・チェインバレンの土地銀行企画を参照。
16) Cf.,*Ibid.*, p. 93. 同訳　290-291頁参照。
17) *Ibid.*, p. 101. 同訳　297頁参照。
18) *Ibid.*, p. 102. 同訳　298頁参照。
19) 赤羽　裕　前掲書　124頁参照。

### 3　外国貿易の役割

　J. ローの経済思想が特に信用貨幣の創造に力をおく, いわば貨幣的分析の理論として結実していることは周知の通りである。ところで, ローがフランスにおいて1716年以降に展開した, いわゆる「ジョン・ローのシステム」は, その内容からみると単に貨幣・金融的事業であったのみならず, 壮大な商業的事業でもあった[1]。貨幣の増大が国民の生活向上に結びつき, 富を増加させるには, 商業, 特に外国貿易の役割が, 非常に大きな要因となるとの見解が強かったという感じがするのである。貨幣不足への対応, すなわち「貨幣供給」こそをスコットランド経済開発の鍵であると考えたのであるが, 一般に豊富な貨幣量が経済建設の土台をなす, とするローの理解は, 終始一貫彼の経済思想の基礎をなすもので, J. ローの信用貨幣が「土地貨幣」から銀行券へ移行しても全く変わることはなかった[2]。

　J. ローは, 貨幣を入手する方法として, それを国内商業と外国貿易との両面においてとらえている。ただ優先順位としてみれば, まず国内市場における調達であり, その次に海外との取引による貿易差額を通じての貨幣入手を考慮していたのは事実である。しかしながら, J. ローは, 商業を国内商業と外国貿易との2つに分別して, それぞれの特徴を論じ, 外国貿易の重要性を認識させる手法をとっている。それによれば,「商業には国内的なもの

と対外的なものとがある。国内商業はその国民の仕事であり，商品の交換はその国内における取引である。(また)外国貿易は次のようないくつかの部門がある。その第1は，消費を越えた天然生産物や工業生産物を一部分輸出し，見返りに外国商品を輸入するものである。第2は，輸出される商品をある港で販売し，その港でまた他国に輸出するために積荷する。こういう方法は輸出商品を直接そこへ持って行くよりも多くの利益をもたらすものである。第3は，外国の食料品や工業製品の輸入，すなわち，これらの物の安価な諸国から，また安価な時に輸入し，これらのものを高価に輸出できる他国に，高価に販売できる時にこれらを供給するものである。第4は，他国から原料を輸入し，これを工業製品としてその国に輸出するもの。第5は，船舶の運賃もしくは賃貸料」である。

　国内商業と外国貿易の取引のどちらとも非常に貨幣に依存しているが，特に外国貿易のそれが，貨幣によって行われる取引行為として国内商業のそれよりも，より大きいことを指摘している。そして貨幣量が少ない場合よりも，その量が多いほど多くの人々を雇用することになるとするローの思考では，外国貿易における順貿易差額より獲得できる貨幣量の大きさの方が，国富の増加をもたらすという重商主義的思想が基本的に存在している。すなわち，「限られた額では，それに比例して人々を労働につかせられるだけである。通貨の少ない国において，貧者や無職者を雇用するための法律を作っても，それはほとんど成功しないであろう。……多数の者に賃銀支払のできる多額の貨幣流通がなければ，多数の人々を労働させることができない」のであり，その点で外国貿易の重要性が際立ってくる。換言すれば，「通貨の増加はその価値を増大させる。貨幣が利益を生む限り，それは使用される。あらゆる通貨の使用は，利潤をもたらす」ことになる。

　かくて，「企業者が利益を取得すると否とにかかわらず，通貨の増加は国富に付け加えられ，多数の貧困者や無職者から国家を解放し，通貨の増加しただけ彼らによりよい生活手段を与え，そして他の住民達とともに公費の一部を負担することを可能にする」ものなのである。その視点に立って，さらにJ.ローは，外国貿易の各種部門の役割に関して詳述して，貨幣と関連し

てその重要性を論じている。すなわち，外国貿易の第1部門は，商品の輸出入であるが，これは大いに貨幣に依存するものである。もし人々の半数が雇用されるだけであっても，原料や工業製品の全てが生産されるだろう。従って，貨幣がより多く存在すれば，また労働のより多くが雇用されるとするならば，その生産物に余剰が生まれ，それは輸出に向けられるだろう。もしその場合輸入商品が輸出商品との間にバランスがとれているならば，貨幣がより多く存在すればするほど，より多くの人々が雇用されるだろう。あるいは，同数の労働者がより有効に雇用されるだろう。より多くのものが生産されることによって，輸出価値を増加させ，このことによって，貿易差額が順になるだろう。これに反して，もし貨幣が減少し，それまで雇用されていた労働者の一部が失業したり，あるいはもっと不利な条件で雇用されることになり，原料や工業製品の生産量が減少し，従って生産物の価値が減少し，その結果輸出が減少することになる。すなわち，国際収支上逆調となる[7]。

また，第2，3部門である輸送貿易と名付けている外国貿易，すなわち仲継貿易は，植民地を有している国々においては，欧州以外のところにおける独占の対象となり，安価に販売することができる人々にとっては，欧州域内の独占対象となる。スコットランドは，オランダ商人よりも，安価で販売できるという点で，貿易上有利となる。その理由は，生活費が安いこと，税金などの公課が少ないこと，労働者，船員，食料品などが安価で手に入ることなどである。しかし，オランダ商人は，1万ポンドの資本を持ち，年々の対外支出が500ポンドである場合，年10％の利潤をもって貿易を行っても，なお年々500ポンドをその資本に繰入れることができる。しかるに他方，スコットランドの商人のように，（わずか）資本金500ポンドで，年々の支出が50ポンドである場合，（10％という）利潤ではとても商売にはならない。オランダ商人がもし資本を充分に保持していなくても，オランダには貨幣が多量に存在しているので，容易に低利で借入れることができるのである。すなわち，スコットランドは，貨幣量を多量に増加させるか，または支出を切りつめるかしない限り，上述の有利な諸点が存在しても，オランダと競合してもとても困難である。そのため，このような輸送貿易という仲継貿易，すなわちサ

ービス取引においても，イングランド人の妨害があってもなおオランダ人は，それを独占できるのである。[8] スコットランドは，その経済を拡大させ，貨幣量を増加させることによって，オランダに対抗できるのであると，ローは言及する。

さらに第4部門として外国から原料を輸入し，加工品を輸出するという外国貿易のパターンもまた貨幣量に依存するのである。すなわち，わが国の羊毛をオランダに輸出し，オランダから加工品を輸入するこの貿易において，オランダよりも上述の有利な諸点があり，しかも原料はスコットランドの産物であり，さらに製造業者はオランダよりも多くの特権を教授していたとしても，またたとえ羊毛の輸出や加工品の輸入を制限するための諸障害があったとしても，オランダ商人と競争することは困難となる。特に輸入に関しての制限，禁止の制度を設けて妨害し，それによって国内の産業が改善されるかに見えるが，それは誤りである。というのは，その禁止制度より得られた利益で，ある人々は工場設備を拡大させるであろうが，全部門の経済は改善されてはいないし，また工場設備拡大のために使用された貨幣は，使用されるべき別の用途から振り向けられただけのことであり，その分貨幣量は減少することになる。[9]

第5部門の船舶の賃貸借料，運賃を意味する外国貿易のパターンも，上の貿易部門と関連して貨幣量に依存することになる。船舶が外国人によって雇用され，あるいは自国の貿易のための大きな需要によって支えられているところにおいては，あらゆる種類の船舶を他の場所よりも安価に使用することができる。また商人は積載貨物のために，仕向港について確実に船舶を見出すことができる。この貿易によれば，イングランドの商人は，輸出商品，たとえば毛織物をポルトガルに輸送すれば，25％の利益があり，オランダへ輸送すれば15％の利益しかない場合であっても，それをポルトガルよりもオランダへ商品を輸送する方を選ぶことになろう。すなわち，商品を輸出する場合の船舶の賃貸借料や運賃が非常に安価で，便利であるのでそのようになるのである。[10] このように外国貿易の各部門は，貨幣に大いに依存しているのである。しかしスコットランドにおいては，貨幣量が少ないため充分な商業を

営むことができないのである。

そのため,「もし法律によって利子が引下げられるならば,商人はより多くの貨幣を使用し,より安価に取引を行うことができるから,商業は拡大するであろうという人がいる。この種の法律は多くの不便さを伴うであろうし,何等かの良い結果をもたらすか否かは甚だ疑問である。実際に利子の低いことが貨幣量の多いことに起因しているならば,商業に当てられる資金は,一層多くなるであろう。商人は借入の容易さや,金利の低いことのために,何等不利な結果をもたらすことなく,安価に商業を営むことができる。（例えば），オランダにおける金利が3％で,スコットランドでは6％であるとしても,もし6％での需要に等しいだけの貨幣量があったならば,金利の相違にもかかわらず,商業上スコットランドが有利となり,またオランダ商人が持たぬ種々の有利な点を生かして,あらゆる外国貿易部門の貿易を拡大させることができるだろう。もしスコットランドにおいて,6％での需要に対して貨幣が充分にあったならば,オランダ商人はそんなに安価に鰊貿易を行うことはできなかったであろう。なぜならば,われわれにとってこの貿易の困難さは,貨幣量が少ないということに由来しているからである。漁業貿易に必要な材料は,オランダにおける方が安価であるが,しかし生活費の安さは,これを補うに充分である。この材料の高いことは,他の外国商品の場合と同様に,貨幣量の少ないことからきている。もしこれが解決されるならば,これら材料やオランダで生産されたものでない他の外国商品は,スコットランドにおいてもまた安価に販売されるであろう[11]」ことになる。

すなわち,「貨幣の増加なくして,次の年の輸出が,前年のそれと等しくなるとは考えられないからである。輸出は貨幣の減少と同じ割合で減少するであろう。そして今日雇用されている人々の一部は,労働に対する愛情を失ったためでもなく,また企業者の不足によるものでもなく,彼等を雇う貨幣が不足しているということのために失業するであろう[12]」と危惧すると同時に提案するのである。

その点でJ.ローの見解は,貨幣量の多寡が1国の経済を活発化させ,国富を増加させることになる。そして,それはまた貿易を有利に導くことにな

ると結論できる。例えば,彼は次のように述べている。すなわち,「1国の富と力とは,その人口と自国商品の蓄積とから成るものである。これらのことは貿易に依存し,貿易はまた貨幣に依存する。そこで他の諸国と同じように有力でかつ富裕になるためには,わが国も同じくらいの貨幣を持たなければならない。貨幣がなければ,いかに法律が良くとも,人々を雇用することも,生産物を改良することも,商工業を発展させることもできないであろう。……貿易と貨幣は相互依存関係にある。商業が衰退すれば貨幣が減少し,貨幣が減少すれば貿易も衰退する。力と富とは,人口の多さと,自国および外国商品の貯蔵との内に存在する。このことは,貿易に依存し,貿易は貨幣に依存しているということである。そこで貿易および貨幣が,直接的にか,あるいはその結果として重視されている限り,一方を害することは必ず両者を害することになるであろう。そして力も富も不安定なもの以上のなにものでもないであろう。なんらの素材価値ももたぬか,あるいは人々が輸出を欲しないような素材価値を持ち,その供給がこの国の需要より少ないことのないような貨幣を確立させるならば,人々は力と富を得るであろうし,それはまた不安定なものではないであろう。貨幣は直接的にか,あるいは結果として,減少するという危険にさらされることもないし,貿易はこれに続いて衰退する危険もないので,この国の力も富も,直接的に貿易を害するかも知れぬものによって僅かに不安定であるというにすぎない。……しかし貨幣の増加は,現在失業している者を雇用し,現在雇われている者を一層有利にするに違いないから,その結果として生産物を増加し,工業を改善するであろう。もしこの国の消費が現在のままであるならば,輸出は増大し,国際収支の差額はわが国に支払われるものとなろう。そして為替はこの差額に依存するのであるから,当地の紙幣は外国の多額の銀貨と等しくなるであろう」[13]とし,それによってスコットランドが他の欧州諸国よりも貿易を拡大させ,甚だ悲惨な状態から抜け出すことができるとJ. ローは確信していた。

(注)

1) 赤羽 裕 前掲書 156頁参照。Cf., W. A. Shaw, *The History of Currency*

*1252 to 1894.* 1896. (Rep., Augustus M. Kelley, 1967) のChap.,3, p. 169. Cf., James W. Angell, *The Theory of International Pricec, History, Criticism and Restatement,* Rep., Augustus M. Kelley, 1965. p. 208, p. 212, pp. 216−218.

2 ) 同書 123−124頁参照。また赤羽氏は,「ローのこの『貨幣供給』の背後には, 国家の繁栄, 国力の増強を保証するような経済構造についてローの確固たる1つの理念型（原理的な立場において展開される経済構造論）があったのであり, そのてこの理念型としての経済構造において貨幣は決定的な要因をなしていたのである。ローの『土地貨幣』はまさにこの規定要因の役割をはたすものとして, 別の言葉でいえば, スコットランドにこの理念型としての経済構造を建設するための使命を担うものとして, 提案されたのであった」（同書124頁）と述べ, J. ローの考え方の基礎には彼の故郷スコットランドをなにがなんでも発展させることを信念として持っていた所から, 彼の思考の展開を導き出している。

3 ) Law, *op. cit.,* pp 12−13. 邦訳213−214頁。

4 ) *Ibid.,* p. 13. 同訳　213頁。

5 ) *Ibid.,* p. 13. 同訳　213頁。

6 ) *Ibid.,* p. 14. 同訳　214頁。Cf., B. R. Suviranta, *The Theory of the Balance of Trade in England A study in Mercantilism,* 1923 (Rep., Augustus M. Kelley, 1967) p. 16, pp. 110−111.

7 ) Cf.,*Ibid.,* pp. 14−15. 同訳　214−215頁参照。

8 ) Cf.,*Ibid.,* p. 15. 同訳　215頁参照。

9 ) Cf.,*Ibid.,* p. 16. 同訳　216頁参照。

10) Cf.,*Ibid.,* p. 17. 同訳　217頁参照。

11) *Ibid.,* pp. 20−21. 同訳　220頁。

12) *Ibid.,* p. 35. 同訳　234頁。

13) *Ibid.,* pp. 59−60, pp. 101−102, pp. 105−106. p. 106. 同訳　259頁, 298頁, 301−302頁。

　　ヴァイナーによれば, ヒュームの連続的影響説の実践的帰結は, ポッターからJ. ローの線上に存在しているとする。(Jacov Viner, *Studies in the Theory of International Trade,* George Allen & Unwin. 1964, p. 94)

# 第5章　リチャード・カンティロンの貿易論

## 1　はじめに

　リチャード・カンティロン（Richard Cantillon：リシャール・カンティヨン）[1]の生年月日は今日においてもまだ確かになってはいない。通例1685年（1650～90年の間）アイルランドで生まれたとされている。また没年は恐らく1734年といわれているが（元料理人に殺害され，邸宅と共に焼失す），これもまた確かではない。そのためカンティロンの業績は『商業一般の性質に関する試論』（"Essai sur la nature du commerce en général"）のみが残り，死後21年にして出版された（1731年ごろ書かれたとされる）[2]といわれている。

　その後イギリスでは，S. ジェボンズによって再発見され，その偉大な業績が世の中に伝播したものと思われている。それについて例えば，シュムペーターは，「カンティロンの偉大な業績は，一方においてそれが甚だ均整のとれた体系的なというよりむしろ教科書的な形態をもっていたために，また他方その実際の公刊のはるか以前に，2人の影響力の甚だ強かった人物グルーネーとミラボーとの……有効な支持をうる幸運に恵まれたため，よい運命に遭遇した。ペティの完成しえなかったものが，（本書）のなかで完成されているのを見ることができる」[3]としている。

　またフィリスによれば，「カンティロンは彼の時代直後に於ける経済思想の指導者等の上に深甚なる影響を及ぼした。重農学派の開祖フランソワ・ケネーやミラボウ，チュルゴオ，さらにアダム・スミス，ヤング，J. スチュワート等によって引用されている」[4]と端的に記述している。

　また本書に対する特徴は，一般的にいって多くの例証を用いながら論理の簡潔，深遠をもっている点にあり，また当時の最も関心のあった外国貿易についても経済一般理論との関係で述べられ，租税を除くすべての分野にわた

っていることなどが挙げられよう。本書の構成は，3編に分割され第1部17章，第2部10章，第3部8章から成り立っている。第1部は，経済の一般理論であり，第2部は，交換，価格，貨幣の流通等の問題に言及し，第3部は，外国貿易，為替，銀行信用等について論じている。特に第3部は，「まったくの所賞讃する言葉がないくらいであって，いまなお時事評論家たちが論争したり誤りを犯したりして彼ら自身や他の人々を困惑させている多くの問題について，リシャール・カンティヨンが確実でかつほぼ完全な理解をもっていたことを示すものである。」ここでは，第3部の外国貿易について論じ，またそれに関する諸問題について言及することにする。

(注)
1) 彼の書を再発見したジェボンズ(W. S. Jevons)は，「数人の孤立した人物が，重商主義と重農主義とのあいだにある経済思想の時代に位置している」としてカンティロンの名前を挙げ，その卓越した代表者として評価している。それは少なくとも「A. スミス以前における最も偉大な経済学者」とみなされており，彼の最後の不幸な惨事とは全く正反対な取り扱いをされている。またCf., Henry Higgs (1891), Richard Cantillon, *Economic Journal*, 1, pp. 262 – 291, and (1892) Cantillon's Place in Economics, *Quarterly Journal of Economics*, 6, pp. 436 – 456. Joseph Hone (1944), Richard Cantillon, Economist – Biogrphical Note, *Economic Journal*, 54, pp. 96 – 100.
2) 本書は正確には1730年から1734年の間に書かれたとされており，死後1755年に第1版が出版された。その後ヘンリー・ヒッグズ(Henry Higgs)によって，英訳され参考資料が付与され，1931年に出版された。本書ではこのヒッグズの1959年の再版本を使用した。なお本書は左ページは英文で，右ページは仏文として対照して文章が掲載されているものである。
3) Joseph A. Schumpeter, *History of Economic Analysis*, vol. II, p. 218. 邦訳『経済分析の歴史』第2巻，岩波書店，1980年，454頁。
4) H. Higgs, ed., *Essai sur la nature du commerce en général*, 1959 reprint, pp. 387 – 388. またヒッグズは，「カンティロンは自分の学問の部門に於ては当時のインテリーには強い影響を与え，事実アダム・スミスに先立って，経済学者の経済学者と呼ばれ得るのである」(H. Higgs, Richard Cantillon, *The Economic Journal*, June, 1891, p. 262.) と述べている。事実あれ程ま

でに引用することを嫌ったA. スミスですら，例外的にたった一度だけカンティロンの文章を『国富論』に引用したといわれている。
5) またジェボンズによれば，「本書は体系的で連絡のある論文であり，租税の問題は除いてあるが，簡潔な仕方においてペティの著書と比較すると，（ペティの）それは単なる偶発的な暗示の寄せ集めにしかすぎない。カンティロンの論文こそは，他のいかなるえりすぐりの労作よりも，よりきわだって『経済学の揺籃』("the Cradle of Political Economy") たるものである」としている。(H. W. Spiegel, *The Development of Economic Thought, Great Economists in Perspective*" John Wiley & Sons, 1952, pp. 47-48, 邦訳72頁)
6) H. W. Spiegel, *ibid.*, p. 47, 邦訳72頁。

## 2 一般的経済理論の基調

(1) 富観について

本書の第1部第1章においてカンティロンは，富の本質について述べている。それによれば，「土地はそこから富がひき出される源泉，あるいは素材である。人間の労働はその富を生み出す形式である。そして富それ自体は食糧や日常の便利で快適な品々にほかならない[1]」としている。カンティロンの見解で最も重要で特徴的な点は，「土地」と「労働」という生産要素を富として取りあげ，この重要な物質の源となる土地と，生産的な動因としての労働とを富を生む上で平等の資格を与え，平衡を保っているということである。

それは，土地のみに依存したケネー的な理論でもなく，また一方「各国民の年々の労働」のみを捉えたスミス的な理論でもなく，正に彼の所説は，経済学の理論的基調としてその本筋の通った適切な最も正確なものとして，その後も評価されている[2]。

そしてカンティロンは，自然的富としての土地と人為的富としての労働の関係は，次のように二元的思想形態で捉えられている。すなわち，「土地は草木，根菜，穀物，亜麻，綿花，大麻，多くの種類の灌木や樹木を，さまざまな種類の果実や樹皮……などとともに産出する。土地は……鉱物質のものを産出する。人間の労働がこれらすべてのものに富の形を与えるのである。

河川と海洋は人間の食糧となる魚やその他，生活に快適な多くの物を供給する。……そして人間の労働がそこから魚やその他の有用な物を取り出すのである」として捉えている。

素材要因として捉えた土地と形成要因としての労働とそれぞれのもつ有能性と有効性に富の対象を求めている。これはW. ペティの有名な言葉である「土地が富の母であるように，労働は富の父であり，その能動的要素である」という見解を敷衍したものと思われるものである。そしてこの思考は，一方では重農主義への思想の発展に結びつき，他方ではスミス的思想へと結びついていったものと考えられる。

(2) 内在価値と市場価格

カンティロンが富の源泉を土地と労働に求めたことは既述したが，これを基点として価値論，（市場）価格論を展開する。すなわち。「物の価格あるいは内在価値はその生産に入りこむ土地と労働の量の大きさであり，それに地味あるいは土地の生産物と労働の質とが考慮に入れられたものである」という見解をとるのである。各々の商品の生産に入り込んでいる土地と労働との数量をもって費用を規定したのである。

商品の中には土地よりも労働を多く含むものと，それに対して労働よりも土地を多量に含むものとがある。例えば，それらは「イングランド製の懐中時計を規則正しく動かす鋼鉄製のぜんまいは，材料と労働との割合……が一対一となるような価格，つまり労働がこのぜんまいのほとんど全部の価値をなすような価格で売られるのである。……一方，その場所でひき渡される牧場の秣（まぐさ）や，いま伐採されようとしている木材の価格は材料，すなわち土地の生産物の，その品質によって決められるのである。水差し一杯のセーヌ河の水の価格はゼロである。……しかし人はパリの街頭では，これに一ソロ（1/20ルーブル）を支払うが，それは水売り人の労働の価格ないし大きさである」としている。

ここでカンティロンが問題とした点は，「土地の価値と労働の価値との平価またはその関係について」である。彼はペティやリカード等の場合のよう

に，土地を除外して労働に価値の実体を一元化しようとした思想とは反対に，労働を土地に還元しようとしたのである。すなわち彼は，次のように仮定して，「最低の成人の奴隷の労働でさえ，地主がこの奴隷の食糧と日常の必需品のために当てざるをえない土地の量と，さらに子供1人が働ける年齢になるまで育てるのに必要な土地の2倍の量とに最小限，値し，かつそれが相応なのである[8]。」すなわち，「父親の奴隷が子供たちを1軒の家で育てようと，別の部落で育てようと，同じである。だから私はつぎのように結論する。すなわち，最低の奴隷の日々の労働といえども，価値としては彼の食糧である土地の生産物の2倍に相当する。地主がそれを奴隷に対して，本人および家族の食糧として与えようと，地主が自宅で奴隷を彼の家族とともに暮らさせようと，同じである[9]」と考察して，労働を土地に一元化されるとみなしたのである。

　カンティロンの見解である（交換）価値は，土地生産物の数量により決定されるとするケネーの重農主義的主張を髣髴（ほうふつ）させるものである。土地への換算について，ハレー氏の計算を引用して次のように述べている。それによれば，「生まれてくる子供たちの半分は17歳になる前に死ぬということである。だから，子供1人を働ける年齢まで維持しておくには，2人の子供を育てなければならないのである。それに仕事をずっと絶やさずに続けさせるには，この計算ではまだ足りない。人は成人しても，年齢を問わず死ぬのだからである[10]」として，1人の労働の価値は，彼を維持する土地の収益の2倍という予測を確立した。すなわち，土地への還元の換算率は，2対1の比をもって行われるのである。

　しかしカンティロンは，現実には，この内在価値を有する多くの物もしばしば市場においてはこの価値に従って販売することができないということも考慮していた。すなわち，「だが多くの物が実際にはこのような内在価値を持っていながら，しばしば市場では，その価値どおりには売られないことが起こる。これは人々の気分や気紛れや好みや，人々の行う消費のいかんによるものであろう[11]」とする。市場における価値の変動，すなわち，その物に対する需給関係による価値の変化は，内在価値との隔離を発生させる結果とな

る。

　カンティロンによれば，本来，「物の内在価値は決して変動しない。しかし商品や物産の生産を，それらの一国内での消費につり合わせることが不可能であるために，市場価格の毎日の変動と止むことのない高下の波動とが生じるのである。しかしながら，きちんと整った社会では，その消費がかなり恒常的で不変であるような商品や物産の場合，それらの市場価格が内在価値から大きく離れることはない[12]」ことになる。

　これらにより，カンティロンは，古典学派の理論としては当然と思われている商品の生産費が，市場での価格とは一致し均衡する場合のみでなく，現実には一致せず不均衡になる可能性があるという，いわゆる「内在価値」と「市場価格」とが乖離するという思考がすでに論じられている。ただその場合「確かなことは，売りに出される物産または商品の量とそれに見合う需要すなわち買手の人数とが，それによって市場の実際の価格が決まる，あるいは決まると信じられている根拠であるということであり，そして一般的には，こうして決まる価格は内在価値からそう大きく離れない[13]」ということである。

（注）
1 ) Richard Cantillon, *Essai sur la nature du commerce en généeral.* Edited with an English translation and other material by Henry Higgs, G. B., 1959, pp. 1-2. 津田内匠訳『商業試論』名古屋大学出版会，1992年，3頁。なお翻訳としては既に昭和24年に戸田正雄先生により『経済概論』として出版されている。引用文は幾分変えてある部分もある。
2 ) Cf., Herry W. Spiegel, *op. cit.,* p. 48, 邦訳73頁参照。
3 ) R. Cantillon, *op. cit.,* pp. 1-2, 邦訳3頁。
4 ) Sir. W. Petty, *A Treatise of Taxes and Contributions in the Economic Writings of Sir William Petty* (ed., Charles Henry Hull) vol. I, 1899, p. 68. 大内兵衛，松川七郎訳『租税貢納論』岩波文庫，119頁。
5 ) R. Cantillon, *op. cit.,* p. 38. 邦訳20頁。
6 ) *Ibid.,* p. 29. 同訳 20頁。
7 ) *Ibid.,* p. 31. 同訳 22頁。本文章は第11章の題となっている。カンティロンの「素材的富の源泉たる土地および労働を同時に価値の源泉とする，かかる価

値理論は，彼以前にすでにペティーやロックに存在した。……彼は同時にペティーから，土地および労働なる価値実体の二元を，そのいずれか一方に一元化するという思想をも学んだのである。」（渡邊輝雄『創設者の経済学』未来社，1967年，168頁。Cf., Anthony Brewer (1988), Cantillon and the Land Theory of Value, *History of Political Economy*, 20 (1), pp. 1-14.
8) R. Cantillon, *op. cit.*, p. 33, 邦訳23頁。
9) *Ibid.*, p. 45. 同訳　24頁。
10) *Ibid.*, p. 33. 同訳　23頁。
11) *Ibid.*, p. 29. 同訳　20頁。
12) *Ibid.*, p. 29. 同訳　20頁。
13) *Ibid.*, p. 119. 同訳　79頁。

## 3　貨幣流通量と貨幣数量説

カンティロンの貨幣に関する記述は，第1部第17章「金属と貨幣，とくに金銀について」，第2部第4章「変換における貨幣の流通の遅速に関する別の考察」，また第5〜8章において述べられている。彼は貨幣イコール金銀という見解をもっており，また何故金，銀が貨幣となり得たのかを展開する。すなわち，貨幣本来そのもののもつ機能と諸商品の価値との共通の価値尺度としての機能が，金銀によって何故なされてきたのかを言及する。

それによれば，カンティロンは，まず「土地はその肥沃さとそこに加えられる労働のいかんによって，小麦を多く産出したり少なく産出したりするように，同じく鉄，鉛，錫，金，銀等の鉱山もその鉱脈の豊富さや，掘削，排水，溶解，精錬等なんであれ，そこに投じられる労働の量と質のいかんによって，これらの金属を多く産出したり少なく産出したりするのである[1]」とし，また「金属の実質価値あるいは内在価値はすべて物と同じように，土地と，その生産に必要な労働とに比例する[2]」として，すべての金属は，他の商品と同様に包含する実質価値と内在価値を，その物の生産に必要な土地と労働とに比例するものであると論じるのである。

一般商品は，金属同様に共通の価値尺度となり得る可能性があるにしても，はたしてそれらの商品が，永久不変の共通の尺度として用いられるのかとい

えば、そうではなくて、「尺度」としての性質、またそれをはたす能力、役割として十分適当なものが生まれてくるのである。すなわち、「穀物、ワイン、肉等のような日常的な産物は確かにある実質価値を持っており、生活の用に役立つ。しかしこれらのものはみな腐りやすく、運搬に不便でもあり、したがって共通の尺度として用いるには、あまり適していない」し、アメリカの植民地では、タバコや砂糖やココアが貨幣として用いられたが、これらの商品は嵩張りすぎるし、腐敗しやすく、それに品質も良さも均等ではない。「金銀だけが嵩張らず、均質で、運搬しやすい、減損なしに容易に分割できるし、貯蔵に便利で、これで作られた細工物は美しく輝いていて、しかも半永久的な耐久性を持っている。別の物を貨幣として使っても、みな、交換用の金額が十分手に入れるとすぐに、どうしても金銀の使用に戻るのである」としている。そのため、これらの一般商品は貨幣として、価値の尺度として使用するには適当ではないのである。

その点「金、銀、鉄等のような金属は多くは用途に用いられており、またこれらの金属はそれらの生産において入りこむ土地と労働とに比例した実質価値を持っている」のであり、「人々が交換したいと思う物産や商品の割合と価値を交換の際に見出すため、どうしてもある共通の尺度を用いざるをえなかった事情を見ることになるだろう。……この共通の尺度として最もふさわしい物産または商品はなんであるとすべきかであり、今日一般にこの用途に使われている金、銀、銅がとくにこのために選ばれたのは好みではなく、必要からではなかったかということである」とする。カンティロンにおいては、金属は絶対的な意味で共通の価値尺度としての機能とその他の貨幣の機能、すなわち、あらゆる交換の媒介手段としての（一般的）交換手段、（価値）貯蔵手段を考慮する上で、最適なものであるとするのである。

そのため、一般商品の中で製造品であってもその機能をはたすために十分ではないとする。例えば、「商品、すなわち、ラシャ地、亜麻布、皮革製品等も同じように消滅しやすいもので、その価値を多少とも変えずに人々の使用に向うように分割することはできない。これらの商品は物産の場合と同じで、運搬するには多くの消費がかかるし、貯蔵するにも出費を要するのであ

る。したがって，これらの商品は共通の尺度として用いるには，あまり適していない」のである。

ダイヤモンドにおいても，鉄に関しても，実用に適していないという欠陥や酸化しやすく，嵩張りすぎるため，貨幣として，すなわちその職能をはたす役割として不適当であると考える。それ故，貨幣が金銀でなければならないということになる。そして貨幣は，その他の一般商品と同様に，使用価値と内在価値とをもつものであり，しかもそれは，特殊な職能をはたす上で，金，銀という金属のもつ自然的諸属性が最適であると主張するのである。本理論の展開は今日ではしごく当然のような捉え方であろうと思われるが，この時期において，明確な思考をもって具体的に言及されたものは他に類を見ないものである。

カンティロンはまた，貨幣の流通量と流通速度について言及している。貨幣流通量に関する問題は，次のような動機をもって研究したものであるとされている。すなわち，「国家の指導者たちがその国で流通する貨幣について全く見当ちがいの考えを持つことのないようにできれば」[8]いいと考えたからである。そのため，「計算の知識の想像の赴くままに任せれば，これほど誤りやすい知識もないが，反対に事実の細部にもとづいて計算を導けば，これほど説得力のある知識もないのだから」[9]である。

彼は，この貨幣流通の問題を論ずる上で，次の仮定を立てる。すなわち，「私がこの貨幣流通の研究において従う仮定は，借地農は3つの地代を生み出し，しかも第3の地代を蓄えるのではなく，いっそう快適に暮らすために支出するということである。すべての国の大多数の借地農の場合が実際にそうなのである」[10]とする。その理由は，「1国の物産はすべて，直接あるいは間接に，借地農たちの手から生じるのであり，商品が作られるあらゆる原料も同じである。魚以外のすべての物を産出するのは土地である。しかし，その魚をとる漁師たちも土地の生産物で扶養されなければならないのである。だから，借地農の3つの地代は1国内の流通の主要な源泉，あるいはいわば原動力のようなものとみなされるべきである」[11]という点からである。すべての貨幣流通量は，土地の生産物から生じるのである。要するに，カンティロ

ンは，地主の主な地代こそが流通に関しては，貨幣の最も必要かつ重要な部門とみなされるべきであると考えるのである。

　しかし，カンティロンは，流通する貨幣量[12]を判断するには，常にその流通の速度を計算に入れる必要があると捉える。そうしてもし「地主たちが借地農たちと年1回払いでなく，半年ごとの支払いをとり決めるとすれば，またもし残りの3つの地代の債務者たちも半年ごとに支払うとすれば，この支払い方法の変更は流通の速度を変えるだろう。以前には年1回の支払いをするのに1万オンスが必要であったが，今は5000オンスしか必要ではない。なぜなら，5000オンスが2度支払われれば，1万オンスが，ただ1度だけ支払われるのと同じ効果を持つだろうからである。」[13]

　このように，支払いが1年間に1回の場合と2回の場合とでは，貨幣の必要量とその流通速度は変化することになる。1回から2回へと支払いの回数が増えれば，貨幣の必要量は2分の1となり，貨幣の流通速度は2倍となる。また4半期ごとの支払いとなれば，その必要量は4分の1となり，貨幣の流通速度は4倍となる。交換における貨幣流通の加速，すなわち速度の増大ということは，ある程度までは，現金の増加と同じ効果を持つ。国内であれ国外であれ，遠隔地の市場における価格の高下が市場の現実の価格に影響を与えるのである。[14]

　カンティロンは，貨幣数量説に関して，ロックやモンタナリによって代表されるような「機械的貨幣数量説」を批判して，「連続的影響説」を唱えている。F. A. ハイエクによれば，「カンティロンは一国に於て新金銀鉱が発見されたと言う仮定から出発して，続いて如何にして貴金属の新奇の供給が先ず第一にその生産に関与したすべての人の所得を増すか，これ等の人の支出の増加が次に如何して彼等のより多く需要する新財貨の価格を騰貴せしめるか，如何にしてこれ等の商品の価格の騰貴がこれ等の商品の買手の所得を増加させるか，さらにまた如何にして彼等が支出を増加させるかと言う事等を明らかにしている」[15]と述べている。すなわち，流通過程に入った付加的貨幣は，まず商人や製造業者の手に入り，それを支出し他の経済主体に影響を与え，所得と支出を増加させ，漸次的に物価を押し上げ，この期間中に就業

第5章　リチャード・カンティロンの貿易論　97

と生産の増加をもたらす。すなわち，貨幣量の増減は，連続的影響を演繹するのである。また機械的数量説（素朴な数景説）は，その用法者キルマイヤーによれば，すべての貨幣数量の増加は，必然的に物価を騰貴させ，反対にその減少は，物価の下落をもたらすことになるとするものである。つまり「機械的」という言葉は，この場合「即時的」「必然的」「自動的」関係という意味が包含されていると解すべきであろうと思われる[16]。

　すなわち，「もし現金の増加がもしも国内にある金山か銀山から生じるのであれば，これらの鉱山の所有者や鉱山で働くすべての人々はそれぞれの利得に応じて，必ずその出費を増加するだろう。彼らはそれまで家庭で消費していたよりも多くの肉やワインかビールを消費するだろう。……したがって彼らは以前にはあまり仕事のなかった多くの職人にも仕事を与えるだろうし，この職人たちも同じ理由で彼らの出費を増やすだろう。こうした肉，ワイン，羊毛等への出費の増大はこれらの問題の鉱山の富に初めからかかわっていない国内の他の住民たちの取り分を必然的に減少させることになる。市場で肉，ワイン，羊毛等に対する需要が普段より強くなって，これらの価格は必ず高くなるだろうし，価格が上昇すれば，借地農たちに，つぎの年にはこれらの生産により多くの土地を当てようと決意させるだろう。これらの借地農たちはこの価格の高騰によって利益を得て，他の家族と同様に，自分たちの家族の出費を増やすだろう」[17]と。

　この例によれば，正に「連続的影響説」の過程が鮮明に描かれている。新しく鉱山が発見されれば，当然貨幣が増加し，支出が増えることになる。そしてそれは，諸商品の価格の騰貴をもたらし，そしてそれはまた次々と他の商品に波及して，その価格を騰貴させることになるのである。機械的数量説は，それが貿易差額説の否定に帰着する限り，一応古典学派の世界のものであり，連続的影響説は重商主義的思想に基づく理論の展開であるとすれば，カンティロンの見解は，重商主義的理論に近似したものとして捉えられるであろうと思われる。

(注)

1) R. Cantillon, *op. cit.*, p. 97, 邦訳64頁。
2) *Ibid.*, p. 97, 同訳　64頁。
3) *Ibid.*, p. 107, 同訳　71頁。
4) *Ibid.*, p. 111, 同訳　73頁。
5) *Ibid.*, p. 107, 同訳　70頁。
6) *Ibid.*, p. 107, 同訳　70頁。
7) *Ibid.*, p. 107, 同訳　70頁。
8) *Ibid.*, p. 133, 同訳　88頁。
9) *Ibid.*, p. 133, 同訳　88頁。
10) *Ibid.*, p. 123, 同訳　82頁。「3つの地代」について，カンティロンは次のように述べている。それによれば，「借地農は3つの地代を生み出さねばならない。1つは，彼が地主に支払う主要な，そして本当の地代であり，これは彼の農場の生産物の3分の1の価格に等しいと考えられる。第2の地代は彼自身の生計の維持と，彼の農場の耕作に使っている人間と馬の維持とのためのものである。そして，最後に，第3の地代は彼の手もとに残って，彼の企業に利潤をあげさせるために用いられるべきものである」(*Ibid.*, p. 121, 邦訳81頁。)
11) *Ibid.*, p. 123, 同訳　82頁。
12) カンティロンによれば，貨幣の流通量に関して次の様にその本質を述べている。すなわち，「田舎での流通のためには，普通土地の生産物の半分の価値に等しい貨幣量が必ず必要であるが，それは最小限の量である。もっと流通がたやすく行われるためには，3つの地代の流通を担うべき現金は，これら3つの地代のうちの2つの価値に等しいか，あるいは土地の生産物の3分の2の価値に等しいと仮定したい」(*Ibid.*, p. 127, 邦訳84頁。)
13) *Ibid.*, p. 127, 同訳　82頁。
14) *Ibid.*, p. 161, 同訳　106頁。
15) Friedrich A. Hayek, *Prices and Production*, 1931, pp. 8-9, 豊崎稔訳『価格と生産』高陽書院，昭和16年，33頁。
16) 飯塚一郎『貨幣学説前史の研究』1969年，未来社，361-362頁参照。また拙稿「D. ヒュームの国際経済論的視点(1)」『国際関係研究』第14巻1号（日本大学国際関係学部国際関係研究所）平成5年，178-182頁参照。
17) R. Cantillon, *op. cit.*, p. 163, 邦訳107頁。Cf., Michael D. Bordo (1983), Some Aspects of the Monetary Economics of Richard Cantillon, *Journal of Monetary Economics*, 12(2), pp. 235-258.

## 4　外国貿易論

　カンティロンは，第3部第1章「外国貿易について」の冒頭において，外国貿易の本質を次の3つにまとめて述べている。それによれば，第1は，「ある国が外国との貿易において少量の土地生産物を，より多量の土地生産物と交換する時は，この貿易は有利であると思われる。そしてもしその国で貨幣が外国よりずっと豊富に流通していれば，その国は常により少量の土地生産物をより多量の土地生産物と交換するだろう[1]」と。また第2は，「その国が自国の労働を外国の土地生産物と交換する時は，この貿易は有利であると思われる。その国の住民は外国の費用で扶養されるからである[2]」と。第3は，「ある国が自国の（土地）生産物とともに自国の労働をもって，外国のより多量の（土地）生産物および，同等またはより大きな労働と交換する時もやはり，この貿易は有利であると思われる[3]」としている。

　これらの各項目について言及して，その貿易の本質を探ってみよう。まず第1の点について述べれば，貿易というものは，1国が他国と取引する上で，貿易上外国と比較してより有利であろうと思われる製品を輸出し，それに対してより多くの製品を獲得することができると考える。すなわち，「個々のケースを検討すれば，……なんであれ製造品の輸出がその国に有利である。なぜなら，この場合は常に外国がその国の有用な労働者たちに支払い，彼らを扶養するのだから[4]」である。

　また国内に貨幣がより多く流入することにより，その貨幣，正貨によって，より多量の製品を手に入れることが可能であると考える。すなわち，それは次のことを意味する。「（外国から）ひき出せる見返り，すなわち支払いとして最上のものは正貨であるが，その正貨がない場合は最も少ない労働しか入りこんでいない外国の土地生産物であるからである。……土地の生産物をほとんど持っていない国でも，こういう貿易の方法をもってすれば自国の多数の住民を外国の費用で扶養し，しかもそれが大国であれば，その国の住民をいっそう安楽で裕福に扶養することができるのである[5]」となる。

　これによれば，カンティロンの考えは，重商主義的富観を髣髴(ほうふつ)させるもの

であることが理解できよう。というのは，富イコール貨幣，すなわち金，銀であり，それを持ってすれば常に必要なものを手に入れることができると捉えている点である。そのため，輸出を奨励することによって，金，銀地金を流入することが必要となる。例えば，それについて，彼は次のように言及している。「しかし大国は住民の数を増やす必要がないので，住民には国産の農産物でいっそう安楽で裕福な暮らしをさせて，国の防衛と安全のために国力をいっそう強大にすれば，それで十分である。もしこれを外国貿易で達成しようとするならば，外国からできるだけ多くの金貨をひき出すために，自国産の加工品や製造品の輸出をできるだけ奨励すべきである。もしも豊作で，年々の通常の消費を超える多量の生産物が国内で余るようなことになれば，この余剰を外国に輸出することを奨励して，それだけの価値を金銀で流入させるのが有利であろう。これらの金属は，土地の生産物のように，いささかも朽ち果てたり使い尽されたりするものではない。しかも金銀をもってすれば，自国にないものをいつでもなんでも輸入できるのである」[6]として，貨幣そのものが機能する必然性として，効果の大きさを強調している。

そのため，大量の自国の農産物を年々外国に送り出して，その支払いを外国の製造品で受けとることを常とするのは有利ではなく，もしそれを実施すれば，その国の住民と国力を全く弱化させることになろう。

それ故，「1国内で流通する貨幣の量が増加することは，この貨幣の豊富な状態が続く限り，外国貿易の上ではその国に大きな有利性を与える。その国はこれによって常に（自国の）少量の生産物と労働を（外国の）大量の生産物と労働と交換するのである。こういう国は楽々と税を徴収し，公共の必要の際に貨幣を調達するのに困難はない」[7]ことになる。すなわち，外国貿易によって得られる貨幣量の増大は，1国にとって多くの利益をもたらすのである。

第2の点についていえば，ある国が自国の労働を使用して生産した製造品を輸出することによって，それと交換に，すなわち外国の土地生産物をその国の住民の生活資料としての食糧品や製造品のための原材料を輸入することが有利であるとする思考である。そのため，「もしもパリの貴婦人たちが平

年で銀10万オンスの価値のブリュッセルのレースを消費するとすれば」、そして「ブラバントの住民たちがシャンパン酒を好んで、平年で銀10万オンスの価値のワインを消費するとすれば、このワインの分はレースの分と相殺されるだろう。そうすれば、貿易のバランスはこの2つの部門に関しては均衡するだろう」という仮定が組み立てられることになる。

そして、これは次のことを意味することになる。「パリの貴婦人たちがレースに対して支払う10万オンスはブリュッセルにシャンパン酒を送る商人たちの手に入り、またシャンパン酒の消費者たちがこのワインの代としてブリュッセルで支払う10万オンスはレースの企業者または商人たちの手に落ちるのである。双方の企業者たちに、ワイン関係であれ、レース関係であれ、彼らのために働く人々に対して、この貨幣を分配する」のであるとカンティロンは考えるのである。

この例から明らかなように、パリの貴婦人たちはブラバントでレースの仕事に携わるすべての人々の生活を支え、かつ彼らを扶養し、さらにその地に貨幣の流通を生じさせるのである。またブリュッセルにおけるシャンパン酒の消費者たちはこのワインの生産にかかわるすべてのブドウ栽培業者とその他の人々、つまり運送にかかわるすべての車大工、蹄鉄屋、運送業者等とこの運送に当てられる馬たちをシャンパーニュで維持し扶養するだけでなく、ワイン用の土地の生産物の価値をも支払って、シャンパーニュにおける貨幣の流通を生じさせるということになる。

そして、価値の固有の法則に従えば、シャンパーニュでワインの生産に当てられる土地、すなわち、ブドウ栽培業者やそれに関連する他の人々を扶養するための土地は、ブラバントで亜麻の生産に当てられる土地と糸紡ぎやレース編み女などの製造に関連する者たちを扶養するのに必要な土地に対して等価であるはずと考えられる。

カンティロンが、このような点を挙げた理由を次のように述べている。1つは、「ある貿易部門は、外国を強化し、その国の住民を減らし、現金は全く流出していないのに、その国を弱体にする」のであり、2つには、それは、「ある国が貿易の結果いかんによっては、いかに他の国にだまされるかとい

うことを，いっそうわかりやすくするためであり，外国貿易の有利と不利とを識別する方法を説明する」ためである。3つ目には，「人は，貿易の各部門の結果をひとつひとつ検討することによってこそ，外国貿易を有効に調整できるのである。一般的な推論によっては，外国貿易の問題を明確に認識することはできないだろう」ことを考えてのことである。

最後に第3の点について，カンティロンに従って言及してみよう。この観点は，ある国がその国の人々の生活資料，食料品や原材料などのいわゆる粗生産物を輸出すると同時に，また労働の賜物たる工業製品を輸出し，外国よりヨリ多くの生活資料や原材料などの原生産品と，工業製品を同等以上の交換で獲得すれば，貿易はより有利となるという思考である。この点において，特にカンティロンは，国際分業論の基本的思想がみられる。

その理由は，カンティロンの思考の中核には，次のような考え方が存在していたからにほかならない。すなわち，彼の理論は，毛織物工業に代表される当時の英国の産業資本の利益を代弁したものであった。初期英国産業資本は，自国内の羊毛で生産を行っていた。本来この羊毛は，原料としてそのまま大陸に輸出されていたが，産業資本の発展は，次第に羊毛の形を変え，原料から半製品へ，そして完成品としての毛織物として輸出させるまでに至っていた。

この様な状況下においては，羊毛の輸出は，自国の原料としての羊毛を奪われるだけでなく，輸出相手国の競争者に援助することになり，その結果国際市場で不利となる。そのため，国産の羊毛を原料として輸出することに強く反撥したのである。そしてまた外国製品に対して，自国の製品を保護する側面も兼ね備えていた。正にこれらの提言は，重商主義的思想，いわゆる外国製品に対する国産品の保護のための輸入禁止，高関税と国産品の輸出奨励，原材料の輸出禁止といった重商主義的キー・ワードをすべて包含していることになる。この点で，カンティロンが非常に卓越した見解を持っていたにもかかわらず，一時的に忘れられていた一面であろうと思われる。そのため，次のような見解がなされることが当然発生してくる。すなわち，「1国の国力の増減にとって最も重要な商業は，外国貿易である。国内商業は政策とし

てはそれほど重要ではない。その国の出身の大貿易商，船舶と水夫，それに労働者と製造業者を増やして維持するということに目を向けられていなければ，外国貿易は中途半端にしか維持されないのである。そして特に外国貿易に対して有利な貿易差額を維持することに常に懸命であるべきである」[16]という所論が提示されるのである。

(注)
1) R. Cantillon, *op. cit.*, p. 225, 邦訳147頁。
2) *Ibid.*, p. 225, 邦訳147頁。
3) *Ibid.*, p. 225, 同訳　147頁。
4) *Ibid.*, p. 233, 同訳　152頁。
5) *Ibid.*, p. 233, 同訳　152頁。
6) *Ibid.*, pp. 233-234, 同訳　152-153頁。
7) *Ibid.*, p. 234, 同訳　153頁。
8) *Ibid.*, p. 225, 同訳　147頁。
9) *Ibid.*, p. 227, 同訳　148-149頁。
10) *Ibid.*, p. 229, 同訳　149頁。
11) Cf., *Ibid.*, p. 229, 同訳　150頁参照。
12) *Ibid.*, p. 223, 同訳　151頁。
13) *Ibid.*, p. 233, 同訳　151-152頁。
14) *Ibid.*, p. 233, 同訳　152頁。
15) 渡邊輝雄，前掲書，328-329頁参照。Cf., Anthony Brewer (1988), '*Cantillon and Mercantilism*', History of Political Economy, 20(3), pp. 447-460.
16) R. Cantillon, *op. cit.*, p. 243, 邦訳159頁。

# 第6章　ジェイムズ・ステュアートの貿易論

## 1　はじめに

　J.ステュアート（Sir James Denham Steuart, 1712-80）が，その著書『政治経済学の諸原理に関する一研究』の序文で「私がこの研究を公にするのは，この試論が私よりも有能な人物に筆を加えてもらうための画布として役立つことを願うからに他ならないし」，また「本書では，せいぜい近代政治の中で最も興味のある領域，人口，農業，商業，工業，貨幣，……租税などに関するいくつかの原則を集めて整理するだけである」と述べている箇所は，彼が祖国から大陸に亡命し訪れた国々の政治を概観して示唆を得たものに対してであり，しかもそれは，大きな構想の1つの素描であるが，1つの思索であってそれ以上のものではないとの考えを謙虚に展開しているところである。これらを考慮した時，ステュアート自身の政治経済学に対する考え方の一端が，ここに集約されていると考えても決して批判されることにはならないであろう。すなわち，1つには，しばしばかれが「最後の重商主義者」であるとする捉え方は，このようにイギリスを離れた彼が，当時まだ後進国であったドイツ，フランスなどのレイトカマー（後発諸国）に滞在して，その国の政治経済的諸問題の現状を論ずるうえで，イギリス人としての彼の考え方を自ら捨てなければならなかったのではないかと思われる。

　当時としてのイギリスは，先進国であり，それに比べてドイツ，フランスなどはまだ後進的な資本主義国であった。そのため特にドイツは，その後進性の元凶である領邦国家体制を崩壊させ，新しい資本主義的な統一国家を構築することが課題であったし，またそれに伴っての社会的な，政治的な，経済的な諸問題を解決することが重要であった。すでに先進国であるイギリスが経験した問題は，歴史的事情の違うドイツにとってはまだこれから先の課

題であったのである。

　ステュアートによれば、「諸国の政治を実地に検討しながら自分の主題を研究してきた私が、イギリス人の感情におもねって、それらの国々に事情に当てはまるはずのあらゆる政治的配慮を仮に伏せてしまったとすれば、私は、母国の人々に自分の旅行と研究を是認してもらえるような、いかなる成果をあげたであろうか。おそらくは、見聞の狭いイギリスの著作家がイギリスの政治を記し、各ページごとにこの国民の最も特異な見解を声たからかに述べることの方が、私がそうあって欲しいと望んだよりも、はるかに良く読者を満足させえたであろう。本書を執筆した私にともかくもなにかの功績があるとすれば、それは私がイギリス的な観念を捨てて、諸外国の国民の感情と政治を、彼ら自体がおかれている状況との関連において、はっきりと説明することができたということである[5]」と述べており、彼の考え方が十分に理解できよう。

　また2つには、ステュアートが、当時イギリスの自由貿易政策に対しての保護貿易主義政策の立場を採ったとする点に関しても、生誕地のスコットランドや彼が生活し執筆していたとされていた南ドイツは、その辺鄙な地域性、歴史的特殊性などによる発展上の後進性のために、現実にその時点での政治経済的政策は、イギリスが採用したような自由貿易政策を採ることが不可能であったのである。歴史学派の祖フリードリヒ・リストは、決して自由貿易には反対として保護政策を提唱したのではなく、当時のドイツの状態からすればまだ自由貿易を実施するのには早計であったとの立場から批判的であったのであり、ステュアートもその点では同じ立場であったと思われる。例えば、彼は、「全ヨーロッパがこれまでに採ってきた政策的体系は世間から激しく非難されているものであり、また日々これが最善であるとの賞揚の声が上がっている体系には大いに反するものであったが、こうした事態の経過を率直に検討してみることは最も重要なことではなかろうか[6]」と論述している。正にこれは彼の理論のその真髄である。

　ここでは、彼の主著『政治経済学の諸原理に関する一研究』の第2編を中心にその保護貿易論について論ずることにする。

第6章　ジェイムズ・ステュアートの貿易論　107

（注）
1 ）原著のフルタイトルは，*An Inquiry into the Principles of Political Oeconomy: being an Essay on the Science of Domestic Policy in Free Nations* であり，本書では *The Works, Political, Metaphisical, and Chronological, of the late Sir James Steuart of Coltness, Bart., now first collected by General Sir James Steuart, Bart., his Son, from his Father's corrected Copies, 6 Vols., London, 1805* のAugustus M. KelleyのReprint版1967を使用した。以下 *Works* Vol. I, IIとする。なお翻訳は加藤一夫訳『経済学原理』東京大学出版会を用いる。D. Rozenberg（デー・ローゼンベルグ）は，この著書について，「ペティ，ロック，ノース，ヒューム以降重商主義は論理的体系としては根本的に克服された。しかし実際的には経済政策としては，それはなお頑固に存続していた。ジェームス・ステュアートは，これを理論的にも再現せんとするを以って任務とした。彼のこの主著において，彼は重商主義的見解を体系的な経済学講義の形で述べている」と解釈している（*Istoriya Politicheskoi Ekonomii I* 1934. 直井武夫訳『経済学史Ｉ』改進社　昭和21年129-130頁）。また，「経済過程に対するステュアートの態度は，時代遅れでもあり，また幾分反動的でもあった。彼の著書は，その当時一般的なものとなっていた，無制限の利己心と交易の自由という空気を，ほとんど吸収してはいない。しかし彼が，資本主義の発展を極めて論理的に描写しえたのは，かえってこの態度の故であったと思われる」（Erich Roll, *A History of Economic Thought*, p. 128. 隅谷三喜男訳『エリック・ロール　経済学史　上巻』有斐閣1938年160頁参照。）またステュアートの生い立ちは，W. L. Taylor, A Short Life of Sir James Steuart: Political Economist, *South African Journal of Economics*, 25, December, pp. 290-302. その著書の形成過程やその歴史的背景に関しては，川島信義「J. ステュアートのヨーロッパ―『経済学原理』形成の歴史的背景―」『経済学論集』西南学院大学　第5巻第2号1970年に詳しく述べられている。
2 ）*The Works.* vol. I. preface p. x.　邦訳第一編　7頁。
3 ）*Ibid.,* preface p. x. 同訳　9頁。さらにステュアートは，「仕事をはじめる時点で私が主題に精通していたならば，全体の配列は最もすっきりしたものになっていたかも知れないが」（*Ibid.,* p. xii），「これら全ての項目から引き出される原理は，まずは互いに矛盾がないように思われる。しかも全体が一連の推論をなすのであって，それを通じて私は可能な限り忠実に諸々の主題の関連を保つようにした。……そこで私は，推論の過程で得られる機会を捉え，叙述を

進めながら，あらゆる原理をそれが関係を持ちうるすべての分野の研究と関連つけるように努めた」(*Ibid.*, p. xi)とその点を展開している。
4)「本書の副題が示しているように，政治家の経済的行政ないし政策の体系としての経済学を展開したものである。このことがすでに，ステュアートを重商主義者の列に数え入れさせるわけである」(傍島省三『経済学史新講』関書院昭和35年51頁)とする考え方は，適切な解釈であろう。
5) *Ibid.*, pp. vii-viii. 同訳 6頁。
6) *Ibid.*, pp. xix-xx. 同訳 20頁。スコットランドに関するステュアートの見解は，Cf., Terence Hutchison, *Before Adam Smith The Emergence of Political Economy 162-1776*. Basil Blackwell 1988 pp. 332-351.

## 2 『経済学原理』第2編の内容と特徴

　第2編「交易と勤労について」においてステュアートは，交易を中心としてそれに関連した事柄を展開している。主な所を挙げれば，勤労との相互関係から始まり，需要について，交易の発展，交易による商品価格の決定，交易はどのように勤勉な国民に，新商人に影響するのか，受動的な外国貿易と能動的なそれ，外国貿易の増進と維持，外国貿易の衰退，初期商業と外国貿易並びに国内商業，貿易差額の問題，貿易均衡などを取り扱っている。それに沿って彼の貿易に関する考え方を論及してみよう。
　ステュアートによれば，「交易とは，それによって個人ないし団体の富が商人と言われる一群の人々の手を通じて等価物と交換されるようになる，1つの操作である。(また)勤労とは，自由な人間が，交易を通じてあらゆる欲望の充足に対応できる等価物を手に入れるために，創意ある労働にいそしむことである」[1]と定義して，交易と勤労とは完全に交わり合っており，それぞれに促進し合い，補佐しあって発展しているのであって，「交易の起源が勤労にあるのか，それとも勤労が交易によって起こるのかを問題にするのは，心臓の働きが血液あるためなのか，血液の運動が心臓のお陰なのかを問うのに似ている」[2]ほどである。
　すなわち，欲望が勤労へと駆り立てるのであり，勤労が交易の原因だと考

えられるし，また勤労の生産物は交易なしには交換されないのであるから，交易は勤労の結果でなければならないが，本来，「交易が目的とするところは，それ自体が1つの新しい欲求なのであって，この欲求はそれを満たすべき一群の人々を必要とする。そして交易は，勤労の生産物の消費を促進することによって，勤労の振興に極めて大きな影響を与えるのである」と論ずるのである。そしてまた，交易の必然性，必要性についてその最初の諸原理に還元するために，それを源流まで遡ることから始めなくてはならないとして，次のように述べている。すなわち，「あらゆる交易の中で最も単純なのは，生存に必要な物品を物々交換する形で行なわれるものである。大地が最初の占有者の自由に任されているものとすれば，それを耕作するこの人間はまずそこから彼自身の食料を引き出すが，次にその余剰は交換の対象になるであろう。……これは当然に，労働によって生産された食料の余剰量と，さらにフリー・ハンズ (free hands) の存在とをもとに想定しているものである。……人間の必要とするものが増加するほど，他の事情が同じならば，この供給のためだけにそれだけ多くのフリー・ハンズが必要となり，さらに，多くのフリー・ハンズが必要となるほど，彼らの需要を充足するために，それだけ多くの余剰物が追加の労働によって生産されなければならない」として，それは，全ての国において大なり小なり程度の差があっても展開されるものであるとする。そして，交易といい商業というものは，商人が利得 (gain) の原理に基づいて考案し，実施に移した方策であり，貧富を問わずあらゆる個人にとっての，大小を問わずあらゆる団体にとっての一般的効用 (general utility) の原理のゆえに支持され，人々の間に広がっていった方策であり，またもう1つの利益は，1国のある地方の勤勉な人々が他の地方，それが遠方であってもその顧客に供給しうることができることであるとするのである。

　ステュアートは，まず外国貿易を受動的なもの，ないし能動的なものという2つの形態で始まると考える。すなわち，受動的な貿易とは，外国人があるいは遠く離れた国の人々が，自分たちの欲望を国内で充足することが難しいことを，しかもその供給をこちらの国にたやすく求められることを知れば，ただちにわれわれに頼ってくる場合の貿易を指している。また能動的な貿易

というのは，すでにこのような方策を国内で首尾よく実現した売人たちが，製造に適している消費品目で，こちらの国で大きな需要があり，したがってたちまち売り尽くして大きな利潤をもたらすようなものを生産している，あるいは生産しうる外の地域に同国人の労働を運送し始める場合であり，かくしてこの2つの形態で外国貿易が開始されるものとする。[6]

受動的な外国貿易が簡素で無為な暮らしをしている国民の間に導入される場合に，もしもこの新しい交易にいくらかでも国内消費の増大が伴うことがあると考えられるならば，それは人口増加の効果をもたらすものと思われる。すなわち勤労の増大が人口の増加に連なることになる。このことに関してステュアートは，例えば，この国に奴隷制が確立されるものと想定した場合を考える。それによれば，「この場合には，奴隷はすべて貿易業者たちによって需要されている毛皮やその他の物品を供給するために仕事をさせられるであろうが，その目的とするところは，主人どもが商人によってもたらされた贅沢品（*superfluities*）を思いのままに享受することができるようにすることである。（また）自由が制度化されている場合には，人はみな己の意向に基づいて勤勉になるのであるが，それは，このような享楽品を自分のために獲得しようとしてのことである。」[7]

一度このような大きな変化がもたらされることになり，また以前は単純な生活を営んでいた人々が勤勉になるならば，自体は新たな様相を呈するに至ることになる。この操作によれば貿易業者たちは，出来るだけ多くの利潤をあげ，利潤を得られる限り多くの商品を売り払うであろうことになる。そして彼らは，さらに次のようなことも考える。第1に，彼らは高い需要を支えることが，価格を下げないで置くことができることになり，そうすれば，住民の意識の中では製造品に対する高い評価がそのまま存続し，交易の利潤は可能な限り大きくなるであろうこと。第2に，大きい需要への道を開くこと，すなわちその価格を引き下げることであると考える。これは住民の意識における製造品の価値を低め，それに比例して利潤を減少せしめるのであるが，しかし実際には，1航海全体として見れば利潤は大きくなることもあるのであるとする。第3に，ありふれた方法かもしれないが，それは，買い手の間

の競争によって利潤をあげることであり，できるだけ長く需要の上昇を刺激しつづけることであるとする[8]。これらのことを通して貿易業者は，交易からかなりの利潤を上げることができることになる。

次に彼は，能動的な貿易を行なうことによって交易国民にもたらされる一般的な成果について述べている。ステュアートによれば，近代的な政治の全体系は，能動的な外国貿易の基礎の上に成り立っているのであると考えるところから，「自国の商業に関していつまでも受動的な国民は，能動的な諸国民の意のままになるのであって，実のところ優れた自然的条件に，あるいは自国の鉱山からの金貨銀貨の絶えざる流出に大きく依存しないことには，通商関係を持続し得ないものである[9]」とする。しかし通商関係がこの国の富の増大にとって必ずしも有害だというわけではないのである。

外国貿易の開始が，勤労国民にもたらすもっと直接的で一般的な効果や変化についての彼の推論は，次のように展開されている。すなわち，「第1の，そして最も顕著な変化は製造者への需要の増大であろう。というのは外国人の欲望を満たすことを通じて，消費者の数が今やかなり増加することになるからである。……需要の状態におけるこの大きな変化があまりにも急激であるものとすれば，その結果は需要を高めることになる。……これは勤勉な階級には刺激を与えるが，国内で無為に消費者は不平を言う。（また）変化が緩慢であれば，それは需要を大きくするであろう。……需要の穏やかな増大にはそれに比例した供給が伴うものとすれば，勤勉な社会は全体として活力が増し，健全な背丈に成長していく[10]」としている。つまり，それに比例しての供給の増加があれば，需要を高め富を増加せしめるということが，新たに加わった有益な貿易の1つの結果であると結論する。しかし考慮しなければならない点もある。すなわち，「国民が富裕で贅沢であるほど，人々の生活様式がそれだけ洗練されていく。これまでパンを常食としていたとすれば，これからは獣肉を常食にするだろうし，それを常食にしたとすれば，これからは鶏肉を常食にするであろう。（その結果）そこでは食物がますます乏しくならざるをえなくなり，それへの需要はたかまる。富者は食物を市場において消費すれば，貧者はやむなく飢えることになるであろう。……また国民が

富裕になると，節約をつまらぬことと考える。おおくの召使いを雇えば，消費圧力が増すことになる。しかも飢えている同胞が富者の浪費によって，よその国民ほど廉価に供給できない場合には，彼らは外国産の贅沢な物品を輸入するか，あるいはそれを自分の住んでいる国外で享受し，それによっておのれの利得を返すことになる。」[11] 能動的貿易が展開されることによって，多くの富が流入してくるが，このように必ずしも良い結果だけとは限らないのであり，生活の奢侈化した結果は憂慮すべき事柄となろう。したがって，こういう事態になる前に追加的な生活資料がなんらかの方法で調達されるのでなければ，住民の数が減少せざるを得ないことことは明らかである。

もしそうでなければ，「この有利な貿易は当分の間しか続かないであろう。というのは，国内での価格騰貴の必然的な結果として，初めはこの国の製造品を消費していた諸国民も，その価格が次第に増進していることを知るや，自分で製造し始めることになろうし，あるいはそれをもっと廉価に供給しうる競争相手のいることがわかれば，彼らに門戸を開放するだろうからである。彼らの方ではまた，この国の貿易業者が大きな利益をあげていることを見てとって，その市場への供給を始めるであろう」[12] からである。商業国家が衰退することのないようにするためには，仕事に就いている人手と彼らの労働への需要との間に完全な均衡を維持するよう，最大の注意を払わなければならない。需要がいつまでも非常に高い水準に留まることのないように，起こりうる最大の需要にも十分に対応できるほどの供給をいつでも準備しておくことである。大きい需要を奨励し，高い需要を抑制することである。[13]

ステュアートによれば，外国貿易の基礎となるものは，他国の人間がすでに勤務をはじめている者たちに依存して，その欲望を満たしてもらうのが安易で便利なことを知るということであるとする。すなわち，この外国からの需要の自然的な結果は富をもたらすことであり，またあらゆる種類の増大を促進することである。こうした増大が続く限り，ほかの国民が貿易業者たちと対抗することは不可能になるであろうとも言及する。[14] しかし諸々の事物が非常に高いところまで到達して，これまで続いた増大をもはや不可能ならしめるにいたった時は，次善の策は減少と増大との交互の振動が行なわれるよ

うにすることなのである。彼は，仕事が増大するが，これまで以上の需要を確保することができないことを想定して，その時は(1)人手を兵士にするか，(2)公営の事業に従事させるか，(3)国外に送り出して植民地で役立ってもらうかして，減少させるのが良薬であって，これを実行すれば需要の秤皿に対立的な重みが加わって，そちら側での競争がよみがえり，勤勉な人手が新しく徐々に増加していくに相違ないし，かくて均衡はできるだけ長く振動の状態を保つに相違ないと思考する。[15)]したがって，商業国家が繁栄の道を歩んでいる限りは，いな衰退に向ってさえいなければ，そして均衡が交互的な減少という方策に訴えることなしにしっかりと保たれている間は，仕事はいつもこの地域から安価に供給されることになる。

彼によれば，交易と勤労を永続的な基礎の上に確立しようと決心する為政者（Statesman）が配慮すべき諸原理は，節約と倹約と単純な生活様式を奨励し，輸出しうるものの消費をすべて抑制し，そして近隣の諸国民に剰余に対する嗜好を起こさせるようにしなければならないことを強調する。もちろんこの場合には，ある国民が外国貿易に専念しているものと想定してのことであることを忘れてはいけない。外国貿易が不十分な場合，その合理的かつ社会的な帰結として，奢侈または贅沢な消費の導入を考えざるを得ないことになる。有能な為政者という者は，すぐさま勤労を１つの新しい水路に向けるであろうが，この水路はまた，国内での奢侈の要求の代わりに外国人のそれを受け入れることによって，外国貿易の復興と社会の利益とを計るにふさわしいものでありえよう。そうでなければ，たえず消費者と生産者のこれら２階級間の均衡は，絶え間なく動揺を発生させることになる。[16)]

すなわち，ステュアートによると，この均衡の動揺と転覆の最も顕著な結果は，次のように列挙できよう。第１に，消費者が贅沢になるのに比例して，生産者たちは富裕になる。そして前者が破産する時，後者がそれに取って代る。第２に，消費者が質素になりつつましくなる時は，後者が衰える。第３に，１国で消費される勤労の生産物が仕事をしない人々の所得を超えたならば，消費者の負うべきこの差額はそれに見合う彼らのファンドの譲渡によって供給者に支払われなければならない。第４に，他方では，１国で消費され

る年々の勤労の生産物が仕事をしない人々の所得の価値に達しないことがあるが，その時は取り残された所得の差額は金庫にしまい込まれるか，食器類に変えられるか，外国人に貸し付けられるか，あるいは公然と外国物産の消費の代価として輸出されるに相違ない。第5に，天秤は，どちらの側にも差額が存在しない時に，水平を保つのである。それはすなわち，国内の消費がファンドからの年々の所得と正確に等しい時である。……均衡の転覆は，それがどちらの側から行なわれていようと，すべて有害であるに相違ないし，したがって阻止されなければならぬと言ってよかろうことになり，全くもって，自国の国民には倹約と節約と熱心な労働を奨励し，さらに他国民にはできるだけ剰余に対する嗜好を起こさせることが，為政者の任務であるということが言えよう[17]。

　正に為政者（*statesman*）は，隣国の国内事情について正確な知識を得て，それをもとに，貴金属が獲得できないときには外国人に第一次的に必要のある品目を供給するようにさせ，その見返りに勤労が考案しうる最も消耗しやすい贅沢品を受け取るようにさせ，両当事国の利害が可能な限り調和するようにしなければならないのである。そしてこれらすべてを行なった後に，為政者は自国の国民に，競い合って倹約，節約，経済，ならびに労働や創意への傾注に努める精神を吹聴しなければならない。このような競争心が維持できなければ，諸外国の強力な競争相手が現れてくるであろう。外国貿易の体制を確立し，それを長期間に亘って維持しようとする場合，自然的な利益や行政上の優れた才能を有する競争相手の国民の出現が，自国の交易からの利益を失うことになった場合に，貿易を再び回復させる方法は，社会の一定数の人々をできるだけ有効に第一次的に必要な対象の生産に従事せしめることであり，さらに，フリー・ハンズ（*free hands*）の1人1人が，なんらかの種類の勤労によって自己のために生活資料を確保することを可能にさせしめる方法を案出することである[18]。

　ある国民が営む外国貿易の規模が大きいほど，次のような基準が保たれなければならない。すなわち，第1に，外国貿易という目標と全面的に取り組んでいる国にあっては，第一次的に必要な品目について，それも主として食

物について，価格を一定の基準以上に騰貴せしめるような競争が国外から入り込んでくることを決して許してはいけないこと。第2に，贅沢な品目については，価格を一定の基準以上に騰貴せしめるような国内での競争は決して奨励されるべきではないこと。第3に，これらに基準が維持されえない時，しかも自然的な原因のゆえに価格がそれを超える時は，価格を輸出価格の水準に合致させるために，公共の貨幣が秤皿に投げ入れられなければならないことである。為政者は，これらのきわめて平易な原理の作用を操作することであると結論する。

（注）

1) *The Works,* vol. I p. 223. 邦訳　第2編（上）17頁。またRonald L. Meek, Precursors of Adam Smith 1750−1775 (Everymans University Library) が手に入りやすい。
2) *Ibid.,* p. 229. 同訳　24頁。
3) *Ibid.,* p. 230. 同訳　25頁。
4) *Ibid.,* p. 236. 同訳　33頁。
5) Cf., *Ibid.,* p. 241. 同訳　40頁。
6) Cf., *Ibid.,* p. 247. 同訳　47頁。
7) *Ibid.,* p. 258. 同訳　61頁。
8) Cf., *Ibid.,* pp. 258−261. 同訳　62−65頁。
9) *Ibid.,* p. 276. 同訳　84頁。彼は，「富の増加は，土地に関する改善が不可能な国か，あるいは生活資料の輸入によって住民の増殖を促進しようという方策があらかじめ採られていない国においては，最も不幸な結果を生ずるであろう」(*Ibid.,* p. 282) として警告している。「能動的な貿易の基礎の上に近代政治の全体系が，支えられている」とするステュアートの考え方の帰結は，彼の外国貿易論を大きく特質づけている1つの重要な要因となっている。その経済的な，絶対的な商工業上の優劣の存在という外国貿易成立の基礎的要件があって成り立っている（川島信義「ジェイムズ・ステュアートの保護主義（中）」『経済学論集』西南学院大学　第4巻第3号　256頁）とする見解もある。
10) Cf., *Ibid.,* p. 279. 同訳　87−88頁。
11) *Ibid.,* p. 283. 同訳　92頁。
12) *Ibid.,* pp. 283−284. 同訳　93頁。「需要と生産物とがつりあっている時には，

物価は均衡状態に置かれている。このつりあいが搔き乱されると，物価が変動する」(*Ibid.,* p. 128. Erich Roll, *op cit.,* p. 127. エリック・ロール，前掲書 159頁。)

13) Cf., *Ibid.,* p. 112. 同訳　112頁。
14) Cf., *Ibid.,* pp. 309-310. 同訳　126頁。
15) Cf., *Ibid.,* p. 310. 同訳　126頁。「一般的に言うと，重商主義者が人口の多いほうがよいと論じたのは，労働の供給を増加させ，賃銀率を引き下げ，1人当りの成果を大きくするという目的を念頭においていたことであった」(Samuel Hollander, *The Economics of Adam Smith,* University of Toronto Press 1973 p. 63. 小林　昇他訳『アダム・スミスの経済学』東洋経済新報社　昭和51年　69頁) し，ステュアートも当然同じように考えていたことになる。Cf., Samuel Hollander, *Classical Economics,* Basil Blackwell 1987.
16) Cf., *Ibid.,* pp. 349-350. 同訳　173頁。Cf., W. L. Taylor, *Francis Hutcheson and David Hume as Predecessors of Adam Smith,* Duke University Press 1965 p. 108. 「奢侈」に関連して，ここで外国貿易という主題に出会って，それが一層奢侈に関する問題は複雑さを加えることとなった。欲望→奢侈という関係は，欲望→需要一般に変化し，理論的に一層形式的に整備され厳密になる一方，奢侈は外国貿易の阻害要因となった。奢侈の積極的効果は，外国貿易による富の増加が外国貿易そのものを衰退させる段階において──国内における補償的な有効需要と就業との創出要因として──初めて十分に認識された。第一編においてその原理，第二編においてはその体系的構成が示されている。(小林　昇「ステュアート『原理』における『奢侈』について(1)」『経済学研究』　立教大学　第16巻第2号　昭和37年12-13頁参照。)
17) Cf., *Ibid.,* pp. 350-351. 同訳　174-175頁。
18) Cf., *Ibid.,* pp. 354-355. 同訳　176-178頁。

## 3　国際分業論

前述のように，ステュアートによれば，外国貿易それ自体がそれに関係する諸国民間においては別個の利害が存在するのであり，そこでは商業上の契約で売り手と買い手とが対峙して，双方とも自分たちにとってできるだけ有利になるような取引をまとめようとしており，正にそれは利害の対立である

と考えた。しかしこのような取引には相互依存関係が伴うのが通常であり，すなわち，「それは，必然的でもあるし，また偶然的でもありうる。それが必然的なのは，どこか1つの国民が他国民の援助なしには存続できない場合であって，その実例はオランダの国とそれに穀物を供給する諸国との間に見られる。偶然的というのは，特定の国民の欲望が熟練と技巧を欠いているというだけの理由で満たされえない場合である」と思考する。

　ステュアートは，貿易において各国間での国際分業が行なわれる実態を展開する。それによれば，「したがって1国民に，ほかのどこかの国民が特定の分野の取引においてどうしても自分たちに依存せざるをえないことが知れれば，そこには必ず外国貿易の確実な基礎が存在することになる。いかなる利点であれ，それを維持する最良の方法は，……その国民はいかなる点において最も容易に近隣の国民の競争に晒される恐れがあるのか，また国民はいかなる点において奪い取られることのない自然的な利益を持っているかを検討することである。自然的な利益は何にも増して頼りにしうるものである。例えば，フランスは，ぶどう酒については決して競争を挑まれることがない。ほかの国でも，その位置，鉱山，河川，海港，漁場，木材，またその土地に特有の生産物などのゆえに，大きな利点を持ちうる。このような自然的な利益を考慮に入れないとすれば，すべての国民が貿易に関しては対等の立場にある。勤労や労働は，節約や中庸と同じように，場所に属する性質ではないのである」と言及し，一応は，それぞれの国がそれぞれに置かれている地形や地理的環境，気象的条件などの先天的条件を考慮した得意な分野でそれぞれのものに対する特化を強調する一般的な国際分業に関する理論となっている。換言すれば，国際分業に関する理論としては，どちらかと言えばA. スミス的な絶対生産費説の展開となっているようにも思える。

　しかしステュアートは，これらの点に関して経験的に推論したモンテスキューの理論をさらに進めて，何らかの事情によってこのような自然的条件が妨害される場合を為政者は想定して，常に設定した計画の遂行を促進するにあたって，あらゆる事情が同時に作用するように配慮することが必要になると考える。すなわち，「第1に，国民がその時すでに交易によっていつまで

も偉大にして強力であり続けようとする計画を作り上げているならば，まず彼らは，その国のすべての自然的産物の加工に専念しなければならない。この目的に向けて，十分な数の人手が就業させられなければならない。人手が不足するようなことがあっては，自然の産物は労働から追加的価値を少しも受け入れることなしに輸出されるであろうし，かくては，自然的な利益の効果は失われるからである。製造者のための食物とすべての必需品の価格は安くならなければならない。職人たちの節約と中庸が，さらに為政者の側の優れた規制が持続されなければ，目的は達成されないであろう」[3]ことになり，単なる自然的条件のみに頼ることなく，できるだけ多くの利益がもたらせれるように付加価値をつけて輸出すべきであるとするのである。

例えば，羊毛がある国ではほかの国より良質で豊富で廉価であり，しかもこの国は毛織物産業における競争相手だと想定しよう。当然のことながら，後者は前者の羊毛を購入することを望み，前者はそれに加工せんがために国内に留めて置くことを望むであろう。するとこの場合，前者の国は後者の国に対して自然的な利益を持っているのであるが，しかもそれが前者から奪われることはありえない。生活資料は1国において他方におけるのと同じように廉価であるものと，つまりパンもその他の一切の生活必需品も同じ価格であるものと想定しよう。前者の国の職人たちが，（毛織物業の創始者であったし，また長い年月にわたってほかの国に対する非常に大きな優越性を保持して，毛織物については彼らをある意味では絶対的に自分たちに依存せしめてきたという経緯からして）時折その価格を引き上げるということをするとしたら，そしてまた，無競争のゆえに大きな利潤を長い間享受してきた結果として，習慣的に生活費が増加し，それに賃銀の増大が伴い，かくしてこの利潤が実質価値と合体してしまうことになったら，この国はそのことによって自国の羊毛の安い価格と優れた品質のゆえに，保持していた利点をすべて失うことになろう点に言及する[4]。そして為政者は，過大な利潤がほんの僅かでも実質価値と合体することを防止するために心を配るべきであって，利潤の増加した輸出部門の人手を増やすことによって達成できることを強調することになる。

また，第2に，為政者は，過大な利潤を上げるような方策，すなわち1国

の誉れとなるような比較的優雅な技芸の奨励の容認をすることである。これは，その洗練された趣味のゆえに国民の名声を確立し，またそれによって，彼らの生産物が産地たる国名以外には優れたところがあるわけではなくとも，外国人にこの物品を選択せしめるのである。ほかの国民が首尾よく競争の足場を固めるのを助長する結果となるほどには，価格を騰貴することを絶対に許してはならないことである。第3に，贅沢品に対する国外需要がたまたま落ち込んで，職人たちの困窮を招きかねない場合には，いつでもそれの国内消費に奨励を与えるのが良いと思われることである[5]。ステュアートはこれらの点を特に為政者が，国際分業を行なう上で政策として考え，実行することが必要となると考えている。

（注）
1) *The Works*, vol. I. p. 362. 邦訳　187－188頁。
2) *Ibid.*, pp. 362－363. 同訳　188頁。
3) *Ibid.*, p. 363. 同訳　189頁。
4) Cf., *Ibid.*, pp. 364－365. 同訳　190頁。
5) Cf., *Ibid.*, pp. 366－367. 同訳　192頁。

### 4　貿易形態発展論

　ステュアートは，交易の形態をその商業の発展段階によって3段階に区分して分析を行なっている。その理由は，「交易が，富者の富を勤労者の手に引き寄せることによって人類の増殖と農業の拡大を促進するという原理であるとする」ことだけを考察する場合には必要なかったかもしれないが，交易が一層進展を遂げるためには，その形態の発展過程を初期の段階から正確に内容を把握することが必要となってくるためである。そして彼は，交易を初期商業，対外商業，並びに国内商業とに分類する。

　彼は，対外商業の確立のための基礎として，まず初期商業 (infant trade) から説明を始めている。それによれば，「初期商業は，一般的な語義からすれば，1国の住民の必需品の供給をその目的とするような種類のものと理解

してよかろう。それは，普通には，外国人の必需品を供給することに先行するものだからである。この種のものはいかなる時代においても，またいかなる国においても見られたのであるが，その程度の多少は人間の欲望の増大に比例し，かつまた生活資料を獲得するために己の創意に依存する人々の数に比例するものであった。[1]」しかもこのような商業を適切に助長していくに当たって，為政者の役割は，次の目的を果たすことが必要である。「第1に，上流階級の人々の富が彼らの欲望と嗜好に向けられるようにして，彼らの安楽と幸福を促進することである。第2に，下層階級の人々の生来の能力を彼らの必要を満たすための確実な手段たらしめることによって，彼らの安楽と幸福を促進することである[2]」の2つであるとする。

またこの初期商業を対外商業にまでに前進せしめようと決意する為政者は，ほかの諸国民の欲望を調査し，自分自身の国の生産物を研究しなければならない。それからいかなる種類の製造品が前者を満たすのに，そしてまた後者を消費するのに最もよく適しているかを決定しなければならない。すなわち，為政者が，適切な配慮を持ってすれば，あらゆる近隣諸国民に対する大きな優越を，自国の国民に与える手段にそれを転化することが出来る，ということである。「それは，一方で彼ら近隣諸国民の所持するかの一般的な等価物（富）の数量を減少せしめ，他方で国内におけるその絶対量を増大せしめることによってである。すなわちこのような方法は，等価物のうちの，あらゆる市民の必要物を供給するのに必要な部分の流通を促進するばかりではなく，その余分をもってほかの諸国民がその政治経済のあらゆる活動においてこちらの国の市民に依存するようにさせるものである[3]」ということになる。

また為政者は，このような製造品の使用をその臣民の間に広めなければならないし，さらにこれらの新しい消費（財）部門に奨励を与えることによって，その国の人口とその国の農業を増進すべく努力しなければならないことになる。彼はその国民に最も腕の良い親方をあてがわなければならないし，彼はまた国民に有用な機械をすべて用意してやらなければならない。そして特に，国内需要がそれを消費するのに十分でない時には，国民にその仕事を行なわずにすむようにしてやらなければならない[4]。したがって，「為政者を

導いてその国民の初期商業を促進させるべき支配的な原理は，あらゆる分野の自然的産物を基にした製造を奨励することである。そのためには国民による国内消費を拡大し，外国人との競争を一切排除し，技巧を，そして発明や改善の競争を促進する限りにおいて利潤の増大を認め，その仕事に対する需要が不十分になる場合にはいつでも勤労者がそれをしなくてもすむようにしてやらなければならない。そして，この仕事が有利に輸出されえないうちには，公共の費用を当てて損をしてでも輸出することが出来る。彼は同じように，あらゆる工業部門に有能な親方を集めるための経費や，さらに創業のための，すなわちその事業を成功させるのに必要または有用な機械やその他のあらゆる事物を調達そるための費用を惜しんではならない。彼は絶えずあらゆる工業部門において得られる利潤に関心を向けていなければならない。そして，製造品の実質価値がそれを輸出可能にするほどに低くなることを知れば，彼は直ちに前述のように人手に仕事を与え，これまでは製造品を完全なものにする手段としてのみ許してきた利潤に休止符を打たせなければならない」のであるとする。そしてこのような第1段階からあらゆる種類の価格が輸出の基準にまで引き下げられるのに比例して，正にその分だけこの種の交易はその初めての性格を失って，第2の種類の対外商業 (*foreign commerce*)，すなわち外国貿易の性格を帯びてくることになるのである。

　その第2の発展段階として，ステュアートは外国貿易 (*foreign trade*) について言及する。そして外国貿易の最も重要な支配的原理は，奢侈を排除することであり，倹約を奨励することであり，価格の可能な限りの最低の基準を設定することであり，そして最大の注意を持って仕事と需要の均衡の振動を見守ることであるとする。このことが守られている間は，国内のいかなる欠陥もその繁栄を損なうことができない。そして，他国の国民の自然的な利益がもとになって，他には克服のしようのない競争関係が形成される場合には，為政者は公共の貨幣の重みと力をもってこれらの利益と対抗しなければならないことになるのである。もしこのような外国貿易が，方策として効力を失うようなことになれば，それに取って代る商業，すなわち第3番目の種類としての国内商業を考慮しなければならないことになる。

国内商業は (inland commerce) は，外国貿易が完全に消滅した時に起こるものと想定される。そこでは住民の奢侈が，為政者のおそらくは不注意が，さらにほかの国民の勤労や洗練の増進と，それに加うるに彼らの自然的な利益とが作用して，もはや貿易を消滅させ，かくして，これまでは常に国民の富を増加せしめてきた資源を枯渇せしめている状態にある。[7]

　従って，そのためこの大きな変化の自然的な結果を検討しなければならない。と同時にまたそれから生じるあらゆる不都合をいかにして避けうるかを，そのためその国が外国貿易の繁栄の時期に自国内に積み上げえたはずの富の1部なりとも輸出されるのを防ぐために為政者が国政の運営をいかように調整しうるかを，指摘しなければならない。彼はどのようにしてその国民のすべてを常に仕事に就けておくのか，彼はまたどのような手段によって国内の富の，下層の諸階級の手を通じてのむらのない流通を促進せしめるのか。彼はいかようにして賢明な課税を行ない，それによって，どんな人間をも十分な生理的必要（生活資料）の水準以下に押し下げることなく，各人の年間の所得から公平な割合を徴収しうるのか。彼はこの公共の基金を用いて，勤労の全分野の活力をどのように保ちうるのか，なおまたそのことを通じてであるが，他国の事情にいささかでも変化があれば，それに乗じて自国の国民の外国貿易をどのようにして復興しうるようになるのか。そして最後に，公共の費用を用いて正規に扶持を与えて維持すべき1団の人々をもって，いかにしてその社会をよく外敵から守りうるのか，しかもその場合，避けがたい戦争の遂行のためにその人数を増やす必要が，あるいは平和と静穏が戻ってそれを減らす必要が起きる時に，突然の有害な変化を勤労に及ぼさずにすむのか。簡単に言えば，為政者が外国人との商業上の交渉を一切持たずに自国の富によって生活する人々を統轄する立場にある時に，彼の留意すべき事柄がある。[8]

　しかしステュアートにおいては，国内商業の進展が，国民経済の歴史的な発展段階の究極的到達点であると見たわけではなく，有能な為政者は，その時期，機会とをその管理下で再び外国貿易をその発展過程で富の形成にとって最もすばらしいものであるとの考えを持っていたのである。[9]

## 第6章　ジェイムズ・ステュアートの貿易論　123

(注)

1 ) *Works,* vol. I. p. 398. 邦訳　232頁。
2 ) *Ibid.,* p. 399. 同訳　232頁。
3 ) *Ibid.,* p. 400. 同訳　233−234頁。
4 ) Cf., *Ibid.,* p. 400. 同訳　234頁。
5 ) *Ibid.,* p. 402. 同訳　236頁。「すなわちこれは，幼稚産業育成のための保護政策の一般的立論である。」(杉山忠平編『自由貿易と保護貿易　その歴史的展望』法政大学出版局　1987年　77頁。)
6 ) Cf., *Ibid.,* pp. 402−403. 同訳　236−237頁。「ここでの仕事と需要との均衡は，第一編での人口増加＝社会発展のための基本準則であった生産と消費との均衡の場合とは違って，有効需要の確保の見地からではなくて，むしろ生産費水準の維持，確保の見地から採りあげられているのである。」(小林　昇　前掲稿(2)162頁。)
7 ) Cf., *Ibid.,* pp. 403−404. 同訳　237−238頁。*Ibid.,* p. 423. 同訳　261頁。
8 ) Cf., *Ibid.,* pp. 423−424. 同訳　261−262頁。
9 ) *Ibid.,* p. 405. 同訳　239頁。スチュアートによれば，いわゆる初期商業，外国貿易ならびに国内商業の間にわれわれはいかなる国民の商業も3つの種類のどれか1つに限定されるものと考えることはしてはならないとして，「私はそれを，それらの異なった原理を明らかにするために，習慣に従って個々に検討しただけのことである。それらを状況に応じて複合させるのは，為政者の仕事である」(*Ibid.,* p. 405. 同訳　239頁。)といい，その点を強調している。

# 第7章 アダム・スミスの貿易論

## 1 はじめに

　18世紀中葉のイギリスは，まさに産業革命の前夜，工業制手工業から機械的生産への過渡期の時代であった。農業においては，初期よりの第二次土地囲込み（enclosure）運動の推進化によって新農法が普及し，経営の合理化・集約化をもたらし，特に工業面においても工場手工業の発達，作業分化の進展による影響によって可能となった機械の発明がなされ，商業の促進，市場の拡大とともに，漸次機械的生産への推移を不可避的なものとした。しかしながら，いうまでもなくこのような傾向は，巨大な富と市場を提供した外国貿易植民地拡張の原因でもあり，また結果でもあった。対内的には，当時まだ小手工業者，家内工業者の勢力は相当なものであり，エリザベス王朝以来の徒弟法その他のギルド（同業組合）的規制を保持することにより，また対外的には，特権的商人，商業資本家は重商主義的保護制度を保守することにより，ともに社会経済の発展を阻害しつつあった。自由主義実現のプロセスは，重商主義的諸規制の緩和ないし撤廃に通ずるものであった。
　スミスをはじめ，フランソワ・ケネー（François Quesnay；1694-1774），アンヌ・ロベール・ジャック・チュルゴー（Anne Robert Jacques Turgot；1727-1781）などの重農主義者の時代では，すでに重商主義的国家政策によって，国内商業や外国貿易を発展させ，資本主義生産の発展を保護していた時代ではなく，そういった発展がすでにじゃまになりつつある時代であった。1700年イギリスの輸出額は，約648万ポンド，輸入額は約597万ポンドであったが，約1世紀後の1800年では輸出額は約3,812万ポンド，輸入額は約3,050万ポンドとなっていた。フランスでも，18世紀の初頭と後半では5.4倍もの外国貿易の増加になっていた。しかし，この世紀の両国の貿易の発展は，重商主義

者たちの手になるものではなかった。国際収支上の順差額や金銀などの貴金属の流入を，貿易の目的と考えていた重商主義者たちは，輸出の奨励にはつとめたが，それ以上に輸入を禁止したり抑制することにつとめ，逆にそのため貿易本来の自由な発展を妨害した。

スミスの経済政策の基調が，自由放任論にあり，またかかる理論の根拠が，個人の利益と社会の利益との予定的調和を信ずる楽観的自然神教的世界観にあり，その思想は部分的で限定的ではあったが，現実の世界と接点をもっていた。したがって，スミスの放任論の目指す所は，中世的干渉諸制度，およびある意味において，その延長線上にある重商主義的諸政策の弊害を指摘し，その存在の根拠を覆し，もって各人の経済的活動をそれらの束縛より解放し，自由な制度の実現を助成することであった。[1]

さらにいえば，ケネーやチュルゴー同様スミスの思想は，このように国内商業，外国貿易そして資本主義生産の発展の障害となってきた重商主義の理論や政策を排除し，それらの発展に新しい方向を指向することを使命としていた。重商主義政策が貿易を妨害するようになった原因は，かれらが，貴金属（金銀貨）を国富の源泉とかんがえ，貿易の目的が順貿易差額（輸出超過）によって金銀の国内への流入を図ることであり，その国外流出をひき起こすような外国品の輸入を極力抑制しようとしたことにあった。スミスや重農学派は，すでに貴金属についてそのような考え方をもたなくなっていた。

金銀に対する必要性は，信用制度が組織化されるにつれて小さくなっていった。かれらにとっては，富とは人びとの役に立つ必需品や必要品そのもののことであり，金銀貨は，このような必要品を購買するための手段でしかなかった。貴金属や国際収支の黒字それ自体は，国富を増大させるものではなく，一国の富は，それらが外国の必需品や必要品と交換されてはじめて増大するのである。これがスミスの考え方であった。では，そのような富，つまり人びとに役立つ必要品を増加させるには，どのような手段によってなされるのか。すなわち，富の大部分は人びとの労働を通じて生産されるとするのである。労働が国富の源泉である以上は，各国民は，労働の熟練，器用，および判断，すなわち労働の生産力の程度，労働に従事する人びとの数がこれ

に従事しない人びとの数に対して保つ比例の大小によって，その富が決定される。そして，特に富を増大させるには，第1の労働の生産力を高めてゆかなければならない。スミスによると，このような労働の生産性向上は，分業によってもたらされるとする。分業には工場内のマニュファクチャー的分業と社会的分業とがあるが，どちらの分業も労働の生産性をたかめる点では同じとなる。分業の行なわれる範囲を制限する事情を市場の広さや資本の大きさにもとめ，分業による労働生産性は，市場をひろげればひろげるほど有効に向上する。それ故，国内商業や外国貿易を発展させるためには，政府はこれらのものに統制や制限を加えてはならない。もし，ある国が外国からの輸入に制限を加えれば，制限を受けた国は，せばめられた市場のために，分業の利益を十分に発揮することができなくなり，輸入国はいつまでも高い価格でその商品を輸入することになるだろう。他方，ある国が人為的に輸出を奨励するならば，その産業は，労働生産性が割合に低い状態でも，存続するだろう。しかしいつまでもこのように労働生産性の低い産業へ資本や労働を集中させることは，その国全体の労働生産性の向上を遅延させることになる。それぞれの国々が自由に比較的安価に生産することができる商品は，ほかの国から輸入するようにして，国際分業を行なうほうが，すべての商品を自国で生産するよりも有利になる。[2]

　スミスの自由貿易主義は，畢竟(ひっきょう)国際的分業による資本および労働の自由なる流通を根拠とするものである。思うにかれに従えば，1国内の技術的，社会的分業が，人間性により自然的に発達する結果となると同様に，国際間にも自然的に分業をしてきたし，経済的交流を生ずることになる。そのため貿易自由の原則が，1国内に行なわれて社会全般の利益をもたらすのに対し，それが国際間に行なわれて各国相互の幸福をもたらさない理由はない[3]と考えられる。

（注）
1）舞出長五郎　『経済学史概要　上巻』　岩波書店　昭和16年　203頁参照。
2）拙著　『外国貿易論（改訂版）』　高文堂出版社　平成3年　38頁。

3 ) 舞出長五郎　前掲書　206頁。

## 2　重商主義の原理批判

　スミスがなぜ重商主義を詳細に論駁することが必要であったのかを計る物差しの1つは，彼の著書である『諸国民の富』[1]において見出せるとする見解がある。トインビー（Arnold Toynbee; 1852-83）によれば，題名の"Wealth of Nations"のNationsは複数であり，T. マン（Thomas Mun; 1571-1641）の一国の富を増加させる目的で書かれたもの ("*England's Treasure by Forraign Trade: or, the ballance of our forraign trade is the rule of our treasure*"『外国貿易によるイングランドの財宝』1664年）とは体系的に非常に異なっており，換言すれば，国民経済体系から乖離して，世界主義を根本思想として世界経済を言及し，商業は1国民だけというものではなく，世界各国の国民がそれぞれにそれに参加し，利益を享受することができるという考え方があったからであろうと思われる。すなわち，この世界主義が重商主義を論駁することが必要となったからであるとするものである[2]。

　『諸国民の富』の第4篇は，商業主義（Commercialism），または重商主義（Mercantilism）の批判で始まっている。スミス以前の欧州諸国の支配的な経済政策であった国家主義的な干渉政策は，スミスの自由経済とは正に反対の考えであったからである。金銀を貨幣とイコールとして，1国の富の源泉は，金銀の，すなわち貨幣の蓄積であるとして，それを増加させるための保護政策[3]，例えば工業製品の輸入制限や農産物の輸出制限が採られた。

　確かにスミスは重商主義という言葉を本来の意味として捉えていないという批判もある。ビューヒャー（Karl Bücher; 1847-1930）のいうように重商主義は国民経済の成立を主眼とする近代国家の経済政策一切を意味するものであり，その点では短絡的であるというものであった。しかしながら金銀，すなわち貨幣のみが富であるとするのは全くもって論理的には背理するものであり，誤りであるのは真理である。スミスの経済的側面からの狭義的解釈は，多くの経済学史家たちの指摘を受け，その後の重商主義の理論的解釈に

かなり決定的な影響を与えたことも事実であった。

　すなわち，スミス以来重商主義といえば，それは，極端な拝金主義，貿易差額偏重主義，国家の統制干渉主義などをおもな内容とする。経済政策や経済思想の合成体と理解する傾向が生まれてきたのである。[4]

　スミスは重商主義の誤謬の1つである富イコール貨幣とする考えについて次のように論じている。すなわち，「私は，たとえ冗長の嫌いがあっても，富は貨幣あるいは金銀に存するというこの通俗的な見解をあますところなく検討することが必要であると考える。貨幣は，日常用語ではしばしば富を意味しており，そしてこういう表現上のあいまいさこそが，この通俗的な見解をわれわれにとって非常に親しみ深いものにするのであって，その結果，この見解が不条理だということを確信している人々でさえ，ややもすると自分たちの諸原理を忘れてしまい，自分たちの推理をすすめてゆくうちに，それは証明するまでもなく確定的で否定しがたい真理だ，と思いこんでしまうようになりがちなのである。商業に関するイングランドのもっともすぐれた著者のうちある者は，1国の富はその金銀だけでなくて，その土地，家屋およびありとあらゆる消費可能な財貨にも存する，と述べながら出発する。それにもかかわらず，自分たちの推理をすすめてゆくうちに，土地・家屋および消費可能な財貨はいつのまにかかれらの記憶からぬけだしてしまうように思われるのであって，かれらの議論の調子からいうと，いっさいの富は金銀に存し，これらの金銀を増殖することは国民的工業や商業の大目的だ，と想定していることがしばしばある」[5]として，その結果重商主義経済政策は，輸入を減じ輸出を奨励すべく努めたのであるとする。それはすなわち，「富が金銀より成るということ，そして金銀は，鉱山のない国では，専ら貿易差額によって，すなわちその国の輸入する価値よりも大きな価値を輸出することによって，取るよりほかに手はない，という2つの原理が確立されたので，国内消費量の外国品の輸入をできるだけ減らし，内国産業の生産物の輸出をできるだけふやすことが，必然に経済政策の大目的となった。それ故，経済政策の1国を富ますための2大方法は輸入に課する制限と輸出に与える奨励とであった」[6]。

重商主義者が富イコール貨幣と考えたのは，ある意味では自然のなり行きであった所もあろう。というのは，実物経済社会から貨幣経済社会への急速な移行に伴なっての貨幣の役割の増大，しかも信用制度が未発達であることにより，貨幣イコール金，銀貨（地金）と考えたことは，当然の帰結であった。換言すれば，貨幣が最も流動性の高いものであるという理由によって，貨幣への要求が，貨幣経済社会への段階の移り変わりに呼応して，増加したのである。そしてさらに，貨幣（金，銀）の不足は，一層貨幣需要を高めることになった。この点に関してスミスは次のように言っている。「富が貨幣または金銀より成るということは，貨幣が商業用具および価値の尺度として，二重の機能をもつことから自然に生じる通俗的見解である。貨幣は商業の用具であるから，貨幣をもってさえいれば，他のどのような商品によるよりも一層容易にわれわれの必要とするどんな物でも手に入れることが可能である。われわれのいつでも当面する大問題は，そもそも貨幣を得ることである。1度それを得てしまえば，その後は何でも買うのに何の苦労もない。また貨幣は価値の尺度であるから，われわれは貨幣の数量をもってこれを交換せらるべきあらゆる財貨の価値を評価する。われわれは富者のことを，彼はたくさん貨幣があるといい，貧者のことを，彼は貨幣がないという。倹約家または富まんとしてあくせくする者は，愛銭家といわれる。しかるに不注意な者，大まかな者，または浪費者は貨幣に無頓着といわれる。富んで来るとは，貨幣を取得するということである。要約するに，富と貨幣とは日常の用語上，いずれの点においても同義のものとみなされている。富者と同様に，富国とは貨幣が豊富な国と考えられる。またある国に金銀を蓄積することが，その国を富ませるためのもっとも手っとりばやい道だと思われている」[7] としてそれを捉えた。事実スペイン，ポルトガルなど欧州各国は，これらの通俗的見解によって貨幣（金，銀）を自国にもたらすため一切の可能な手段，方法を採ったのであった。ある時には最も厳格な金銀の輸出禁止をしたり，あるいは金銀の輸出に対して高い税を課した。しかしながら，これらの方策は，事物のなりゆきに背理するものであり，また商業の発達にともなって不便となってきた。

## 第7章 アダム・スミスの貿易論

　そのため,「(商業国や)商人は,多くの場合この禁止がはなはだしく不便だということをさとった。彼らは,自分たちが自国へ輸入するにも,どこか他の外国へもちだすにも,金銀でするほうが他のどのような商品でするよりも一層有利に,自分たちの欲する外国貨物を買うことがしばしばできた。したがって彼らは,貿易に有害だといってこの禁止を抗議したのである。そこで彼らはまず第1に,外国財貨を購買するために金銀を輸出することは必ずしも国内におけるその数量を減少させるものではないと説明した。反対に,この輸出はかえってしばしばその数量を増加させるであろうと述べた。けだし,もしもこれによって外国品の消費が国内で増えないとすれば,これらの財貨は諸外国に再輸出されるであろうし,外国にてそれは大きな利潤を収めて売られるであろうから,最初にそれを購入するために輸出されたよりもはるかに多くの金銀をもちかえるであろう,と。(また)第2に彼らは,この輸出禁止が,金銀の価値の割にかさが小さいので容易に密輸出できるから,到底金銀の輸出を阻止し得ないと説明した。彼らの意見では,この輸出はいわゆる貿易差額に適当な注意を払いさえすれば防止し得る。もし1国が輸入するよりも大きな価値を輸出するならば,諸外国民からその国に超過差額が支払われるはずで,この超過分はその国に当然金銀で払われるから,これによってその国内におけるこれら金属の数量は増加される。しかるに1国が輸出するよりも大きな価値を輸入するときには,その国は諸外国民に対し差引不足金を支払う債務を負うに至る。この入超差額は諸外国民に同様にして当然支払われ,これによって金銀の数量は減少される。こういう場合には,金銀の輸出禁止は,その輸出の危険を増大するから,ただ輸出の費用を多からしめるのみで,到底これを防止できない」[8)]とする。

　これらが重商主義の基本的原理に対するスミスの見解であった。そしてその中心的批判の中には,特に富の源泉を貨幣とする考え方が,重商主義学説の思想及び政策の誤謬であったことを指摘したのである。スミスによれば,「富は貨幣即ち金銀より成るものではなく,貨幣で買えるものより成るということ,そして貨幣は1つにこのものを買う力があるからこそ価値があるのだということを真剣に証明しようとつとめるのは,余りにもばかばかしいこ

とであろう[9]」とし、また「金銀がこれを買うだけの手段をもつある国で、なんらかの場合に不足するようなことがあれば、いつでも金銀に代位するための便法はほとんど他のどのような商品よりも多い。もし製造業の原料が不足すれば、その工業は休止せざるをえない。食料品が欠乏すれば、国民は餓死せねばならない。しかし貨幣が不足すれば、たとえ非常に不便であっても、物々交換でそれに代えることができる。信用で売買して、さまざまな商人が、月1回、また年1回、たがいに彼らの信用を決済すれば、それほどの不便もなくそれに代位することになるだろう。よく整備された制度で紙幣を代わりに使えば、何の不便もないのみならず、場合によっては、ある種の利益すらあるであろう。それ故、どの点から見ても、政府の注意力を、1国における貨幣数量の保持または増加を監視するために向けることほど、無駄なことはない[10]」として、本来の貨幣の職能としての支払手段と直接の富の源泉とを同義語としてみたところに、重商主義の根本的ドグマが存在したと考えたからであろうといってよい。

スミスの考えた富とは、人びとの役に立つ必需品や必要品そのもののことであり、金銀貨は、このような必要品を購買するための手段でしかなかった。『諸国民の富』の序論の冒頭において、「すべての国民の年々の労働は、本来その国民が年々消費するすべての生活の必需品と便益品とを供給する原資（ファンド）であって、その必需品と便益品とはこの労働の直接の生産物であるか、あるいはその生産物をもって他の諸国民から購入した物である[11]」と述べている。すなわち、富の源泉を流通過程において捉えることではなく、生産過程においてこそ富本来の源泉が存在するとしたのが、スミス経済学の理論的基調であった。


（注）

1）スミスの通称 "The Wealth of Nations"（『国富論』あるいは『諸国民の富』」の正確な名称は "An Inquiry into the Nature and Causes of the Wealth of Nations"（『諸国民の富の本質と原因に関する研究』）である。以下 the Wealth of Nations（『諸国民の富』）とする。

2 ) A. Toynbee ; *Lectures on Industrial Revolution of the Eighteenth century in England* 1933. p. 61.

3 ) 16世紀に入ってヨーロッパ経済は，全体として交換経済，すなわち貨幣経済の時代に入った。社会が中世のような，自給自足の自然経済からしだいに商品流通の拡大を見るとともに，貨幣は，いつでも物を買い，支払のできるそしてけっして腐りもこわれもしない，絶対的に一般的な富の形態，すなわち最も流動性の高い性質を有するからである。封建制度においては物を生む母なる土地が主であったが，その崩壊した時期においては貨幣が主となった。貨幣を所有し駆使し，増殖する商業資本家の勢力が高まり，ヨーロッパの経済政策に著しい変化をもたらすに至った。(拙著『外国貿易』高文堂出版社　29-30頁)

4 ) これと反対に，ドイツの歴史学派の抬頭によって，重商主義の政治的側面に重点を置いた，より広義的な重商主義観を強調するものがある。シュモラー，ゾンバルト，カニンガムらである。ヘクシャーによれば，「重商主義という言葉は，フランスの重農主義者(フィジオクラート)によって使用されたが，A. スミスを通じて一般的流行をみるに至ったものである。スミスは，重商主義の著述家たちの貨幣観の攻撃にはじまっているが，その論議の大部分は，商業政策に関するものであり，結論的には重商主義を保護主義として取り扱っていた」(*"Mercantilism" in the Development of Economic Thought.* p. 32)と述べている。しかしまた，スミスは，重商主義の政策体系ないし政策論における理論構造を分析し，その原則的基礎を探究してゆけば，結局は富即貨幣観に到達するはずだと見ていたのであるとする見解もある。(羽鳥卓也「アダム・スミスと重商主義」『商学論集』　福島大学　第33巻第1号　1964年　9頁の脚注(2)参照。

5 ) A. Smith, *The Wealth of Nations* BK, IV, chi, (Cannan's ed.,) p. 416. 邦訳第3編　30(46-47)頁。邦訳は竹内謙二訳慶友社版と大内兵衛，松川七郎訳岩波書店版の両者を参照した。( )内は大内・松川訳。Cf., BR. Suviranta, *The Theory of the Balance of Trade in England A Study in Mercantilism.* 1967. pp. 114-115.「金銀と順貿易差額の重要性の問題について，これは常に厳格には分けられてきていない。その反対にそれは，同義語としての概念としてしばしば取り扱われていた。重商主義学説は，富と貨幣を同一視し，貨幣を一国の最大の目的として考えたので，貴金属をできるだけ大量に獲得する上で，その他の国と関係をもつものと理解された。」(BR. Suviranta, *ibid.,* p. 114) また，イングラム (J. K. Ingram) は，「この見解の伝統は，一般的に自由主義学派の創立者，ヒューム，スミスの若干の学説に

までさかのぼる。特にスミスのこの1節は，この見解の伝播において顕著な役割を演じたとしている。」("*A History of Political Economy*" London 1914 p. 37.)
6) *Ibid.*, BK. IV, chi p. 416. 邦訳第4編 30-31 (47-48)頁。
7) *Ibid.*, p. 396. 同訳　第4編 4 (7)頁。
8) *Ibid.*, p. 398. 同訳　第4編 7 (12)頁。またスミスはT.マンの「もしわれわれが，農夫の行動を，種まきどきに大地の中へ良穀をどんどんまき捨てるさまでしか見ないならば，われわれは，かれを農夫とは思わずにむしろ狂人だと思うであろう。しかし，かれの努力の結末である穫入れどきになってその労働を考えるならば，われわれは，かれの行動の値打ちと，その行動による豊かな増収を見出すのである」の1節を引用して外国貿易の作用を結びつけ説明している。
9) *Ibid.*, p. 404. 同訳　第4編 15 (35)頁。
10) *Ibid.*, p. 403. 同訳　第4編 14 (22-23)頁。
11) *Ibid.*, BK. I p. 1. 同訳　第1編 3-4 (89)頁。

## 3　分業の理論

　スミスが『諸国民の富』第1編第1章に「分業について」という主題を設けたのは，次のような理由があったからである。1つは，それが労働の生産性を改善させ，増大させる最も効果的な手段であり，結果的には1国の富を増加させる大きな要因になるからであったこと。また2つには，生産要素の構成要因のうち当時としては，人的労働を生産の最も主体的な存在要因として捉え，その属性を有効に活用する方法として考えたこと。そしてそれが第一義的であり，他はその派生関数とみたこと。第3には，見えざる手に導かれて，各経済主体が各人の利己心のおもむくままに経済行動を行なった場合でも，国富を増加させるとするスミスの考えは単なる工場内の作業分業（技術分業）を越えて，それを敷衍した社会分業へ，さらには国際間での国際分業をも，その伏線として彼の考えの中にあったからであろうと思われる。すなわち，分業は，1工場内でも，社会においても，また広く国際間においても富の源泉であり，あるいは富裕の発展にとって必須の原因であるとしたことである。

すなわち，スミスは，富は1国民の年々の労働の直接の生産物あるいはそれと交換によって他の国民から得られる生産物より成るとする。そしてこの富を増殖させる上で必須な条件は，「第1には，何でも労働する時の熟練，技巧及び判断によって，第2には，有用な労働に従事する人々の数と，そういう労働に従事しない者の数との割合によって」である。すなわち，労働の生産性を改善し，高めることによって，国民の富の増加をもたらすことになる。そしてこの「労働生産力のこの増進の諸原因」の最も重要で決定的な要因となる「労働の分割（配）＝分業」が，配置され，論述されたのである。

　例えば理解しやすい一例として――爾来，古典的になったところの一例――工場内の作業分業を取り上げ分業について説明を加えている。「ピン製造者の職業をとってみるならば，（しかも）この仕事が現在営まれている方法によると，全作業が1つの特別な職業であるばかりではなく，それはいくつもの部内に分割されており，しかもその部門の大部分もまた同じように特別な職業なのである。1人の男は針金をひき伸ばし，もう1人はこれをまっすぐにし，第3の者はこれを切り，第4はこれをとがらせ，第5は頭部をつけるためにその先端をとぎみがくのであって，頭部をつくるのにも2，3の別個の作業が必要で，それをつけるのが特別な仕事なら，それを白くするのももう1つ別の仕事であり，ピンを紙包みすることさえもが1つの職業だというふうに，1本のピンを作るというこの重要な仕事は，約18の別個の作業に分割されているのであって，いくつかの製造場では，そのすべてが別個の手でおこなわれている，といっても，他の製造場では，同一人がときには，そのなかの2，3のものを行なう場合もあるであろう。わたしはこの種の小製造場も見たことがある。そこでは，10人しか使用されておらず，またその結果，かれらのうちのある者は，2，3の別個の作業を行なっていた。かれらはきわめて貧困で，したがってまた必要な機械類をむしろ不完全なものしかあてがわれていなかったけれども，精だしてやりさえすれば，みなで1日に約12ポンドのピンを作ることができた。1ポンドのピンは，中型のもので4,000本以上になる。それ故，これらの10人は，みなで1日に48,000本以上のピンを製造できるわけである。したがって各人は，48,000本のピンの10分

の1，つまり1日に4,800本のピンを作るものと考えてさしつかえない。けれども，かれらのすべてが個々別々に独立して働き，またその誰もがこの特別の仕事のための教育をうけていなかったならば，彼らの各々は，1日20本はおろか，おそらくは1本のピンさえつくれないであろうことは確かであり，すなわち，彼らの各々は，そのさまざまな作業の適当な分割や結合の結果として現在行なえるものの240分の1はおろか，おそらくはその4,800分の1さえなし得なかったであろう」と。[2]

　この引用文によって，スミスは分業を工場内の1製造業の技術的分業を基本的形態として，簡潔に説明した。しかし後にもわかるように，この分業の形態は，これを敷衍した上での「種々の産業及び職業相互の分離」，すなわち，社会的分業（職業分業）へと，さらには国際間における分業，すなわち国際分業へと結びつける伏線となっている。当然のように分業の利益は，これらの諸形態において享受されることができると見ている。すなわち，分業原則の利益におけるスミスの説明は，実質的に真理であり，若干付加される所があっても，なおかつ充分なるものと考えられるのである，「分業の効果は，他のあらゆる技術や製造業においても，このきわめて零細な製造業と同種である，といっても，その多くのものは，労働をこれほど多数に細分することも，また作業をこれほどはなはだしく単純化することもできない。にもかかわらず，分業は，それを導入できるかぎり，あらゆる技術でも，労働の生産諸力を比例的に増進させる。さまざまな職業及び仕事の相互分離は，この利益のために起ったように思われる。そしてこの職業や仕事の分化は，総じて最高度の産業と文化とを享受している国々で最もよく行われている，けだし未開の社会状態で1人のする仕事は，進歩した社会では総じて数人の仕事となっているからである。発達した社会ではみな，農業者は概ね単に農業者たるにとどまり，製造業者は製造業者以外のなにものでもない。そのうえ，ある1つの完成品を生産するのに必要な労働もまた，ほとんど常に多数の人手に分割される。リンネルや羊毛の生産者から，リンネルの漂白工やつやだし工，あるいは服地の染色工や仕上工にいたるまで，どれほど多数のさまざまな職業が亜麻布業や毛織物業の各部門に従事していることであろうか！」[3]

分業の結果としてもたらされる利益は，次のような3つの事情に起因するという。すなわち，第1には，「あらゆる個々の職人の技巧の増進」であり，「分業は，あらゆる人の仕事をある単一の作業に還元することにより，しかもこの作業をその人の一生の唯一の仕事にすることによって，職人の技巧を必然にはなはだしく増進させるのである。例えば，ハンマーの取扱いになれているにしろ，釘を造るのになれていなかった普通の鍛冶工は，もしある特別の場合にやむを得ずそれを試みるならば，確かに，それも極く粗悪なものでかれは1日に200～300本以上をつくることはまず出来ないであろう[4]」すなわち，職人の技巧の改善は，そのなしえる仕事の量を必然的に増加させるのである。第2には，「ある種の仕事から他の仕事に移るに当り，失われる時間を節約すること」であり，仕事の迅速な移動は，「それが異なる場所，まったく異なる道具類を用いて営まれている場合には不可能である。小さな農場を耕作する織布工が，自分の織機から農場へ，農場から織機へ移る場合には，ずい分多くの時間を失わなければならない。この2つの職業を同一の仕事場で営むことができれば，時間の損失は疑いもなくはるかに少ない[5]」のである。これによって得る利益は，一見して想像する以上にはるかに大であるといっている。また第3は，「職人が発明した機械類を応用することによって，労働を促進し，短縮する」ことであり，これは本来分業に由来するように思われるものである。「人間というものは，その全注意力をいろいろな事物に分散させておくよりも，それを単一の目的に向ける方が，一層この目的を達するためのたやすくて，手っとりばやい諸方法を発見する見込みが多い。ところが分業の結果として，各人の注意力の全部は，自然にあるきわめて単純な目的に向うようになるのである。よって，仕事の性質上改善の余地がある場合にはどこでも，その労働の特定部門の各々に従事するだれもが，まもなく自分自身の特定の仕事をもっとたやすく軽便な方法を見出すはずだと期待されるのは当然である。[6]」

スミスにおいては，本来分業というものは人間の本性のなかにある一定の性向，それ以上説明できない本源的な諸原理の1つ，つまりある物を他の物と取引し，交易し，交換するという性向の非常に緩慢で漸進的ではあるが，

必然的な帰結なのである。しかも，この性向は，人間に固有であり，それは，一切の人間に共通で，しかも他のどのような動物類にも見られることができないのであり，「例えば狩猟民または牧羊民の種族のなかで，特定の者が他の誰よりも手ばやく巧妙に弓矢をつくるとしよう。彼は弓矢をその仲間の家畜やしかの肉としばしば交換し，そうする内に，結局こういうふうにするほうが自分で野原に出かけて行ってそれらを捕えるよりも一層多くの家畜やしかの肉を獲得できる，ということを発見するようになる。それ故，自分自身の利益を考えて，弓矢の製造がその主たる仕事となり，一種の武器製造人となる。（また）小さな小屋や移動家屋の骨組みや屋根を製作している者は，この方面でその隣人に役立ち，隣人はまた同じようにしてかれらに家畜やしかの肉を報酬としてあたえ，そうする内に，かれはこの仕事に献身するのが自分の利益だということを悟るようになる。……このようにして，自分自身の労働の生産物の余剰部分の中で，自分自身の消費をこえてあまりあるすべてのものを，他の人々の労働の生産物の中で，自分が必要とするであろうような部分と交換しうるという確実性が，あらゆる人を刺激して特定の職業に専念させ，その特定の種類の仕事についてかれがもっている才能または天分がおよそどのようなものであろうとも，それを発展させ，完成させるのである。」[7]

　このようにして，スミスにおいては，分業は交換に対する人間の本性中にある交換性向から生じるとし，分業の発生原因を人間の交換性に求めた。またスミスは，その発展を交換可能な範ちゅう，換言すれば，市場の広さに依存するとして，「市場がきわめて小さい場合には，だれ１人として１つの仕事に献身するための刺激をうけることができない。というのは，自分自身の労働の生産物の余剰部分の中で，自分自身の消費をこえてあまりあるすべてのものを，他の人々の労働の生産物の中で，自分が必要とするような部分と交換する力が欠如しているからである」[8]とする。これは，国内市場の限界が結果的に国際間の交換を通じての国際分業の可能性を示唆することになる。

（注）
1) A. Smith, *op. cit.*, Vol. 1, pp. 1-2. 邦訳 第1編 3-4 (90)頁。
2) *Ibid.*, pp. 6-7. 同訳 9-10 (99-101)頁。
3) *Ibid.*, p. 7. 同訳 10 (102)頁。
4) *Ibid.*, pp. 9-10. 同訳 12-13 (106)頁。
5) *Ibid.*, p. 10. 同訳 13 (107)頁。
6) *Ibid.*, p. 11. 同訳 14 (108-109)頁。
7) *Ibid.*, p. 17. 同訳 17-18 (120-121)頁。
8) *Ibid.*, p. 19. 同訳 24 (124)頁。

## 4 外国貿易論

　前述のようにスミスは，「統治がよくゆきとどいた社会では，普遍的な富裕（universal opulence）が人民の最下層の階級にまでひろがっているのであって，これこそは，分業の結果あらゆる工芸の生産物のすべてが大増殖したためにひきおこされたことなのである。……そこで一般的豊富が社会のすべてのさまざまの階級を通じてゆきわたるのである」として，分業こそが，富を増加させ，利益をもたらすものであるとして，それを大いに奨励していかねばならないとした。しかし，分業の発展は，市場の拡大によって制限を受ける。そのため，必然的に狭隘な国内市場に限界がもたらされると，次には広大な外国市場にそれを求めていかなければならない。国際間の自由な交換によって，初めて分業からの利益を享受できるのである。換言すれば，それは国際間における各国の分業を基礎として，当事国で自由貿易を展開して得られるものである。
　この点に関して，スミスによれば，「買うよりも，自分で作る方がかえって高くかかるものは，決して自分の所で作ろうとはしないのが，すべての分別ある一家の主人の主義である。裁縫師は自分の靴を自分で作ろうとはしないで，靴屋から買う。また靴屋は自分の衣服を自分で作ろうとはしないで，裁縫師に作らせる。……もしある1外国が1貨物をわれわれ自ら作るよりも安くわれわれに供給しうるならば，われわれは，自分たちが多少ともこの外

国に比べて得意とする自国の産業を活動させ，その生産物の1部をもって，この生産物を買った方が得策である」[2]としている。すなわち，交換が，同一国民でなく異なる国民との間でも，輸出入の自由な状態に従うならば，必ずや利益を得ることができるとする。しかも，それ故「分業の諸利益は，スミスの見る所では，1国民の地理的環境以上にも及んだのである。諸国民は，各個人と同様に種々なる利益を，即ち自然的なものであれ，後天的なものであれ，位置，土壌，気候の諸情勢から得たものであれ，長期の実行に，または遺伝的性質に基くものであれ，諸国民をして特殊な諸商品を生産するに適したところの種々の利益を所有するのである。個々の労働者間の・個々の職業間の・および諸他方間の・分業は，熟練の増進，時間の節約をもたらした。そして，同様なる結果が，諸国民間の分業に於ても生ずるであろう。両当事者は，彼らがその生産に一層適合する諸商品を自由に交換すれば，利益を得るであろう」[3]としている。

　スミスは，国際間において分業が行なわれ，自由貿易を実施すれば，それぞれ貿易当事国にとって利益を享受できるという。そして，それは，例えば大きな自然的長所のある国があり，他国がその点で比較し競争するのは無益であるとの見解を示し，「ある1国が特殊の諸商品を生産するうえで他国に対してもつ自然的長所は，時には非常に素晴らしいものであって，これと競争するのは無駄だと世界に認められる程である。スコットランドでも，温室，温床，温壁等をもってすれば，極く良質のブドウができるし，また少なくとも同質のブドウ酒を外国から輸入する費用の約30倍をかければ，極く上等のブドウ酒でもこのブドウで，造り得る。スコットランドでボルドウ産の赤ブドウ酒やブウールゴニュウ酒の醸造を奨励するというだけのために，外国産ブドウ酒の輸入を全部禁止する法律は果して合理的な法であろうか。自国で需要される等量の財貨を外国から買うのに要する所よりも30倍も多い自国の資本と労働を，ある1事業に向けるということは，明らかに不条理だとするのであれば，自国の資本なり労働なりを，それ程ひどく目立たないにしても，なお正しく同種の不条理が認められるに相違ない。ある1国の他国に優れている長所が，自然的なものであろうと，後天的なものであろうと，いずれに

してもこの点では無関係である。とにかく1国がこれらの長所をもち，他国がそれを欠いている間は，後者にとっては自ら造るよりも，むしろ前者から買う方が得策であろう。けだし，1工匠が他の職業を営む隣人に優るところは自然的な長所ではなく，習得された後天的の長所に過ぎぬ，それでも両者は自分の本職ではないものを自ら作るよりも，互に相手から買う方が有利だ」と思っている。

　このようにして，スミスは対外貿易の原則として自由貿易を基調とする国際分業を主張することになる。各国がその得意で優位な産業に全資本ならびに労働を集中させ，また不得意で不利な産業の生産物を自国にて製造せずして，より廉価なものを外国から購買することが，すべての国々の国民の富を増加させる最善の方策であるとの見解をもったのである。それ故，余剰生産物の交換を自由に行なって，別の形態で富の増殖を行なうことが，外国貿易の使命であり，この点においてこそ重要な意義を有することになるのである。

　しかし，スミスの外国貿易論は，J. S. ミルによって余剰物捌口論（the vent for surplus theory）であるとして批判された。その点をスミスによれば，「ある産業部門の生産物が，その国の需要を超える場合には，その余剰はこれを国外に送り，国内に需要のある何かと交換せねばならぬ。この輸出がないと，その国の生産的労働の一部は休止し，その年々の生産物の価値は減るにちがいない。イギリスの土地と労働は，概して内国市場の需要にあまるほど穀物や毛織物や金属類を生産する。故に，そのあまる分は外国に送り，国内に需要する何かと交換せねばならぬ。このあまった分が，それを生産する労費を償うにいたるだけの価値を取得するのは，専らこの輸出のお陰げである。……内国産業の剰余生産物をもって，かくして購入された外国品が，既に内国市場の需要に超過する場合には，この余分は再輸出して，それ以上に国内で需要ある何かほかのものと交換せねばならぬ。……もっとも，1つの社会の如何なる時代においても，原生産物並に製造品の剰余分，即ち，国内に需要のない部分は，国内にて若干の需要ある物と交換するために，国外に送らねばならぬ」のであるとする。

　さらにスミスにおいては，外国貿易の主たる利益は，金銀の輸入ではなく，

国内にて需要なき剰余生産物を国外に持ち出し，需要あるものを国内に持ち込むことによって享受されると示唆する。すなわち，「およそ，どのような地方のあいだに外国貿易が営まれるにせよ，これらの地方のすべては，2つの別個の利益をそれから引き出す。外国貿易は，それら諸地の土地及び労働の生産物の中で，国内に需要のない剰余分を海外に送り，この剰余分の代わりに国内で需要ある何か他の物を持ち帰る。すなわち，外国貿易はその国のあり余る物に，これを国民の欲望の一部を満足させ，彼らの享楽を増大しうる他のあるものと交換することによって，価値を与える。外国貿易のおかげで，内国市場が狭隘なために，技術または製造業のどの部門でもその分業が最高度の完全な域まで進むのを妨げられるということがないようになる。1国の労働の所産の如何なる部分でも，その内国消費によれば，これに最も広汎な市場を開いてくれることによって，外国貿易はそれらの諸国を励して，その労働の生産力を改善せしめ，労働の年々の生産物を最高度に増殖せしめ，かくしてその社会の真の所得と富を増加させる。」[7]その議論の本質的な帰結は，貿易がなければ余剰生産能力が存在するにいたるということである。それ故，外国貿易を導入すれば，国内生産からなんらの資源をも移転することを要せず，純利益が存在することになる。[8]

スミスの余剰物捌口論に対する批判は，リカードウ（David Ricardo; 1772-1823）によっても展開された。彼によれば，スミスは，われわれが，穀物，毛織物製品，および金物類の剰余を生産するというなんらの必要に迫られていて，それらを生産する資本は他の方法では使用されえない，と結論した，と。しかしながら，どんな方法で資本を使用するかは，常に選択の問題なのである。それ故，かなりの期間にわたって，なんらかの商品の剰余が存在することは決してありえない。というのは，仮にそれが存在するとすれば，それはその自然価値以下に下落し，そして資本はなにかより有利な用途に移されるだろうからである。[9]リカードウはさらにスミスから次の点を引用して批判を加えている。「もしも1外国が，1商品をわれわれ自身がそれを作るよりも安くわれわれに供給することができるならば，われわれが多少とも利点をもっている方法で雇用される。われわれ自身の勤労の生産物の若干部分を

もって，それをその国から買うほうがよい。その国の勤労の総体は，常にそれを雇用する資本に比例するから，このことによっては減少せず，ただそれがもっとも有利に雇用されうる方法を見出すべく，放任されるだけであろう」としている。われわれは諸商品を製造し，それでもって海外から財貨を買う，なぜならば，われわれは，国内で作製することができるよりも，より大なる分量を取得することができるからである。われわれからこの貿易を奪えば，われわれにはただちにふたたび自分たちで製造する。しかしスミスのこの意見は，この主題にかんする彼の一般的学説全体と相違している。しかし，このスミスの命題の内容の示すところは，いわゆるリカードウの比較生産費説と対比する絶対的生産費説によって外国貿易が営まれることを説明するものである。これがスミスの外国貿易論の特徴となっているものである。

　要約すれば，これらの点をすべて考慮してスミスの外国貿易論を論ずれば次のようになろう。すなわち，1国の富の増加は，分業の発展によってもたらされるものであり，その分業の改善，発展は，市場の広さに依存する。狭隘な国内市場は，その範囲がいつかは限定され，事物の自然の成り行きとして生産物が余剰となる。しかしこの国民の総生産物は富の源泉である。それも，富の形態としては真実であり，余剰物であっもむだな，無価値な物として排除することは回避せねばならないのである。すなわち，その余剰生産物を別の生産物と交換することによって，別の形態で国富の増大を考えることが必要になってくる。そうすることによって，自国内で生産の不可避な生産物や費用のかかりすぎる生産物は，国内の余剰生産物と交換に手に入れることが可能となる。その結果，1国の富は，いままで以上に増大するのである。市場の範囲が広ければ広いほどいいのであって，国内市場で余剰となった生産物は，技術革新を促進し，労働の生産力を高めることによって，外国貿易を通して他の富と交換されることになる。スミスにおける外国貿易の役割は，正にこの点に存在したと考えられる。


（注）
1 ) A. Smith, *op, cit.,* vol. I. p. 12. 邦訳　第1編 16 (112)頁。

2) *Ibid.*, vol. III. p. 422. 同訳　第3編 36-39 (57-58)頁。
3) L. L. Price, *A Short History of Political Economy in England, from Adam Smith to Arnold Toynbee*, 1891. 石渡六三郎『英国経済学史』日本評論社　昭和3年　33-34頁。
4) A. Smith, *op, cit.*, Vol. III. pp. 423-424, 邦訳　第3編 40-41 (61-62)頁。
5) ミルによれば,「外国貿易の利益に関するスミスの学説は,外国貿易が1国の剰余生産物に対するはけ口を与え,国の資本の一部が利潤を伴って自らを回収しうるようにする,というものであった。……剰余生産物という言葉は,1国が,それが輸出するところの穀物あるいはラシャをかならず生産しなければならぬ,ある種の必然性をもっていること,そのためにその国が自身で消費しないところの部分は,他のどの国かで必要とされ消費されることがないならば,何らの益もなく生産されたことになるか,あるいはもしもそれが生産されなかったとすれば,それに相当する資本部分は遊休資本としてとどまり,その国の生産の規模は,それだけ縮小されることになるであろうということ,を含んでいるように思われる。……ある国がその国自身の欲求を越えて輸出用の品物を生産するのは,何らその内在的必然性によるものではなくて,自国のために他のもろもろの物をととのえる最も低廉な方法として,そうするのである。もしもこの剰余物を輸出することが妨げられたならば,その国は,それを生産することをやめ,また何ら等価物を提供することができないから,もはや何ものをも輸入しなくなるであろう。しかし従来輸出用品の生産に使用されてきた労働と資本とは,入手したいもろもろの品物で,従来は外国から持って来られていたものを生産することに,あるいはもしもそれらの品物の一部が生産することが不可能なものであれば,それらの物の代用品を生産することに,使用の途を見出すであろう」としている。(J. S. Mill, *Principles of Political Economy with some of their Applications to Social Philosophy,* (W. J. Ashley) 1921年を使用。p. 579. 邦訳　273-278頁。)
6) A. Smith, *op, cit.*, BK. II pp. 352-359. 邦訳　第2編 212-220 (413-424)頁。
7) *Ibid.*, p. 413. 同訳　第2編, 26-27 (41)頁。
8) Samuel Hollander, *The Economics of Adam Smith*, University of Toronto press, 1973. p. 269. 小林　昇監修『アダム・スミスの経済学』東洋経済新報社　昭和51年　390頁。
9) D. Ricardo, *The Works and correspondence of David Ricardo,* P. Sraffa

ed., Vol. I, 1951. p. 291『ディヴィド・リカードゥ全集』I, 雄松堂書店 1972年 336頁。

10) A. Smith, *op, cit.*, BK. IV, chii;〔Cannan's ed.,〕p. 422 邦訳 第4編 38-39 (58-59)頁。

11) D. Ricardo, *op, cit.*, p. 295. 邦訳340頁。

# 第8章　D.リカードウの貿易論

## 1　はじめに

　国際分業により貿易利益を生み出すことを解いた1理論であるリカードウの比較生産費説は，単に古典派の枠に留まらず，今日でもこれほど明解で，重要な，またいろいろと解釈される理論は他には見当らないであろう。それだけにまたその問題点を解く魅力も必然的に大きくなる。
　例えば，それらを列挙すれば，比較生産費説の設例として2国2財が用いられているが，何故2国のうち1国がイギリスで，もう1国がポルトガルとなっているのかという点，またもう1つは，2財のうち1財がワイン（ブドウ酒）であり，もう1財がラシャ（服地）なのかという点である。これは，ただ単に思いつくままリカードウが設定した訳ではないだろう。
　また次に2国2財の設例で，2国として挙げたイギリスが，その理論の展開でポルトガルと比較して両財とも劣勢であり，それに反してポルトガルがイギリスよりも両財の生産に優勢であるという点である。これも，換言すれば，何故両財ともポルトガルの方が，イギリスよりもその生産費が低位であるかという仮設を展開したのかという点である。これらの2点について私見を述べる前段階で，リカードウの国際分業論についてそれを解釈しておくことが必要であろうと思われる。

## 2　国際分業における貿易利益

　リカードウの理論それ自体が，多くの仮定に立脚しており，また甚だ抽象的であり必ずしも一義的に明確なものではない。例えば，リカードウのそのモデルは，労働費用の観点からのみ議論をおし進めているが，しかしそれ自

体正確に言えばあてはまらない。すなわち，「人間は道徳的な意味では，国際的な単位であるかもしれないが，しかし厳密に経済用語では，人間は国際的単位ではない。異なった国々の人間の個人的属性は，相異しており，どのような場合にも気候，天然資源，技術水準そして知識のうん蓄は，ある国と他の国とでは異なっている。これに関連すると，国家間で１人当たりの産出量の直接的比較は，なんらの意味がないことになるのである」[1]ことが場合によっては認識されなければならない。

　A.スミスにおいて分業は，１工場内の１製造業の技術的分業を基本的形態として，またこの分業の形態を敷衍した上での「種々の産業及び職業相互の分離」，すなわち社会的分業（職業分業）へと，さらには国際間における分業，すなわち国際分業へと結びつける伏線となっている。当然のように分業の利益は，これらの諸形態において享受されることができると論じている。この点に関して，リカードウの理論は，A.スミスのそれと合致していないのだろうか。すなわち，換言すれば，一般的な分業の理論が，国際的な分業の理論とその本質的な意味で，リカードウにおいては妥当しないのであろうか。リカードウの比較生産費説の法則は，その原理がA.スミスのそれを踏襲し，より上の次元におし進めたとするJ.S.ミルの指摘は正当であったのだろうか。[2] その点に関連しながら，リカードウの比較生産費説の解釈を行ってみよう。

　リカードウの比較生産費説の設例は，その組み合せは完全ではなかったけれども，その後のどの理論よりも国際分業による貿易利益に関して理解が容易である点で，今日でもなお意義があるものである。すなわち，それによれば，「イギリスは，ラシャ（服地）を生産するには１年間100人の労働を要し，またもしもブドウ酒を醸造しようと試みるなら同１時間に120人の労働を要するかもしれない，そういった事情のもとにあるとしよう。それ故，イギリスはブドウ酒を輸入し，それを服地の輸出によって購買するのがその利益であることを知るのであろう。

　ポルトガルでブドウ酒を醸造するには，１年間に80人の労働を要するにすぎず，また同国で服地を生産するには，同１時間に90人の労働を要するかも

第 8 章　D.リカードゥの貿易論　149

しれない。それ故，その国にとっては服地とひきかえに，ブドウ酒を輸出するのが有利であろう。この交換は，ポルトガルによって輸入される商品が，そこではイギリスにおけるよりも少ない労働を用いて生産されうるにもかかわらず，なおおこなわれるであろう。ポルトガルは服地を90人の労働を用いて製造することができるにもかかわらず，それを生産するのに100人の労働を要する国からそれを輸入するであろう。なぜならば，その国にとっては，その資本の一部分をブドウの樹の栽培から服地の製造へ転換することによって生産しうるよりもイギリスからひきかえにより多量の服地を取得するであろうブドウ酒の生産にその資本を使用するほうが，むしろ有利だからである。

このようにして，イギリスは，80人の労働の生産物に対して，100人の労働の生産物を与えるであろう。このような交換は，同 1 国の個人間では起こりえないであろう」と論じている。[3]

これを要約すれば，1国が2商品の生産において，他の国に比べて絶対的優位をもち，しかもその1商品が他の商品よりも生産上より大なる優位性をもつ時は，前者を生産し後者を輸入することが有利である。そしてまた，1国が2商品の生産において，他国にくらべて絶対的劣位で，しかもその1商品が他商品よりも生産上より大なる劣性を有する時には，前者を輸入し，後者を生産することが有利である。

それ故，このような場合には，両国はそれぞれの比較的に優位とする商品の生産に特化し，その生産物を相互に交換することになる。1国が他国にくらべてどちらの商品の生産においても絶対的優位性を有する場合にも，ある商品を自国内で生産するよりも外国から輸入した方が少ない費用でその商品を手に入れることになる限り，この商品を外国から輸入することになり，それ故また，絶対的劣位である国もいずれかの商品を輸出することになり，これら両国間において貿易の成立を見出すことになる。[4]

しかし，リカードゥによれば，この点に関して，国内商業と国際間での取引との相違を認識し，これらの交換は，国際間では行われるが，同一国内の個人間では生じないと主張するのである。すなわち，同一国内では，商品の生産にこのような差異が存在する場合には，2商品それぞれの生産は絶対的

優位性を有するところで生産されるはずである。このような事情が起こるのは，異なった国と国とが存在して可能となる。それは，同一国内においては生産要素，労働と資本の移動が自由であるのに反して，異なった国と国との間ではその移動性が困難であるからであるとする。

それ故，「1国内においては財貨の相対価値を定めるその同一のルールは，2国もしくはそれ以上の国々の間で交換される財貨の相対価値を定めるものではない」ということになる。[5]

それでは，前述のようなリカードウの比較生産費説の理論は，A. スミスの1工場内のマニュファクチャー分業から国際分業の利益を展開する理論と乖離するか否かをスミスの分業に関して論じてみよう。彼によれば，分業は，労働の生産性を高める点では，同じであり，分業の行われる範囲を制限する事情を市場の広さや資本の大きさに求め，分業による労働生産性は，市場を広げれば広げるほど有効に向上する。それ故，国内商業や外国貿易の発展が，労働の生産性の向上のためには，どうしても必要となる。国内商業や外国貿易を発展させるためには，政府はこれらのものに統制や制限を加えてはならない。もし，ある国が外国からの輸入に制限を加えれば，制限を受けた国は，狭くなった市場のために，分業の利益を十分に発揮することができなくなり，輸入国はいつまでも高い価格でその商品を輸入することになるだろう。

他方ある国が人為的に輸入を奨励するならば，その産業は，労働生産性が割合に低い状態でも，存続するだろう。しかしいつまでもこのように労働生産性の低い産業へ資本や労働を集中させることは，その国全体の労働の生産性の向上を遅延させることになる。それぞれの国々が自由に比較的安価に生産することができる商品は，自国内で生産して自国内で消費するばかりではなく，外国へ輸出し，その他の国々のほうが安価に生産できる商品は，ほかの国から輸入するようにして，国際分業を行うほうが，すべての商品を自国で生産するよりも有利になる。

スミスの自由貿易主義は，畢竟国際分業による資本および労働の自由な流通を根拠とするものである。思うに彼に従えば，1国内の技術的，社会的分業が，人間性より自然的に発達する結果であると同様に，国際間にも自然

第8章　D.リカードウの貿易論　151

的に分業をきたし，経済的交通を生ずることになる。そのため，貿易自由の原則が，1国内に行われて社会全般の利益をもたらすのに対し，それが国際間に行われて各国相互の幸福をもたらさない理由はない[6]。

スミスによれば，「買うよりも高価となる商品を自分で作ろうとしないのは，すべて思慮ある家長の原則である。仕立屋は自ら靴を作らないで靴屋より買い，また靴屋は自ら衣服を作ろうとはしないでこれを仕立屋に作らせる。これはみなすべて，自己の労働を専ら他人よりいくらか長じて優れている方面に向け，その生産物の一部を売って，自己の必要品を買うほうが有益であるとするのである。およそ1家の行動として思慮あることが，恐らく1国の政策として愚劣なる道理はあり得ない。もし外国がある商品を自国において生産するよりも廉価に供給し得るならば，自国の得意とする産業の生産物の一部をもって，その商品を外国から買ったほうが得策である[7]」としている。

すなわち，交換が，同一国民でなく異なる国民との間でも，輸出入の自由な状態に従うならば，必ずや利益を得ることができるとする。しかも，それ故，「分業の諸利益は，スミスの見る所では，1国民の地理的境界以上にも及んだのである。諸国民は，各個人と同様に種々なる利益を，即ち自然的なものであれ，後天的なものであれ，位置，土壌，気候の諸情勢から得たものであれ，長期の実行に，または遺伝性性質に基くものであれ，諸国民をして特殊な諸商品を生産するに適したところの種々の利益を所有するのである。個々の労働間の，個々の職業間の，および諸地方間の分業は，熟練の増進，時間の節約をもたらした。そして，同様なる結果が，諸国民間の分業に於ても生ずるであろう。両当事者は，彼らがその生産に一層適合する諸商品を自由に交換すれば，利益を得るであろう[8]」としている。

スミスは，国際間において分業が行われ，自由貿易を実施すれば，それぞれ貿易当事国にとって利益を享受できるという。そして，それは，例えば大きな自然的長所のある国があり，他国がその点で比較し競争するのは無益であるとの見解を示し，「ある1国が特殊の諸商品を生産するうえで他国に対してもつ自然的長所は，時には非常に素晴らしいものであって，これと競争するのは無駄だと全世界に認められる程である。スコットランドでも，温室，

温床,温壁等をもってすれば,極く良質のブドウができるし,また少なくとも同質のブドウ酒を外国から輸入する費用の約30倍をかければ,極く上等のブドウ酒でもこのブドウで造り得る。スコットランドでボルドウ産の赤ブドウ酒やブウールゴニュウ酒の醸造を奨励するというだけのために,外国産ブドウ酒の輸入を全部禁止する法律は果して合理的な法であろうか。自国で需要される等量の財貨を外国から買うのに要する所よりも30倍も多い自国の資本と労働を,ある1事業に向けるということは,明らかに不条理だとするのであれば,自国の資本なり労働なりを,それ程ひどく目立たないようにしても,なお正しく同種の不条理が認められるに相違ない。ある1国の他国に優れている長所が,自然的なものであろうと,後天的なものであろうと,いずれにしてもこの点では無関係である。とにかく1国がこれらの長所をもち,他国がそれを欠いている間は,後者にとっては自ら造るよりも,むしろ前者から買うほうが得策であろう。けだし,1工匠が他の職業を営む隣人に優れるところは自然的な長所ではなく,習得された後天的な長所に過ぎず,それでも両者は自分の本職ではないものを自ら作るよりも,互いに相手から買う方が有利だ」と思っている。[9]

このようにして,スミスは対外貿易の原則として自由貿易を基調とする国際分業を主張することになる。各国がその得意で優位な産業に全資本ならびに労働を集中させ,また不得意で不利な産業の生産性を自国にて製造せずして,より廉価なものを外国から購買することが,すべての国々の国民の富を増加させる最善の方策であるとの見解をもったのである。それ故,余剰生産物の交換を自由に行って,別の形態で富の増殖を行うことが,外国貿易の使命であり,この点においてこそ重要な義務を有することになるのである。

すなわち,絶対生産費において優位を有する生産部門に特化し,自国の生産費が,他国の生産費よりも小なる財貨を輸出し,それと交換に自国の生産費が,他国の生産費よりも大なる財貨を輸入することによって,生産量を増加させることになるとする。

リカードウの理論は,貿易からの利益が各国内での特産物の生産における比較優位の相違から発生して,国家間での絶対的比較では何も発生するもの

ではないというものであったと思われる。[10]

　J. S. ミルによれば，スミスの貿易論は，余剰生産物捌口論(はけぐち)(The Vent for Surplus Theory)であると批判を加えている。そしてさらに，スミスの理論は，「厳密な精緻さをもって説明し，かつその分量の正確な尺度を供するところの一つの哲学的説明をもって」[11]リカードウによって継承されることになると指摘している。

　それによれば，すなわち，「諸国民間の商品の交易の利益は，ひとえにこれによって各国が与えられた分量の労働と資本とをもって全体としてのあらゆる商品のより大なる数量を獲得しうるという点にある。それは，これを各国をしてある分量の労働と資本を要したある数量の一商品をもって，ある数量の他の商品の，もしも国内で生産されたならばより大きい分量の労働と資本を必要としたはずのものを購買することを得しめることによって成就する。ある物品の輸入をその生産よりも有利ならしめるには，外国がこれをわが国よりも少い労働と資本をもって生産しうることを必要としない。わが国はそれの生産にある積極的便益をもってすらいるかも知れないが，また外国で需要される他のある物品の生産に一層大きい積極的便益をもつほど環境によって恵まれているならば，わが労働と資本とをわが便益の最小なる物品の生産に全然使用しないで，これをことごとくわが便益の最大なるそれの生産に献げ，これを外国に与えて他のものと交換することによって，わが労働と資本に対してより大きい収穫を得ることができるであろう。交易を決定するものは，絶対的生産費の較差ではなくて，比較的費用の較差である」[12]としている。

　本来比較生産費説は，貿易の成立を論証すると同時に，貿易利益を明らかにするところの理論でもある。すなわち，リカードウは，「外国貿易の拡張は，商品の数量したがって享楽品の総量を増大させるにはきわめて有力に貢献するであろうが，しかしけっしてただに 1 国の価値額を増大させるものではない。すべての外国財貨の価値は，それらとひきかえに与えられるわが国の土地と労働の生産物の分量によって測定されるから，われわれは，仮に新市場の発見によって，わが国の財貨の一定量とひきかえに外国財貨の 2 倍量を取得するとしても，より増大なる価値を得ないであろう。もしもある商

人が，1000ポンドの額のイギリス財貨を購買することによって，イギリス市場で1200ポンドで売ることができるある分量の外国財貨を取得しうるものとすれば，彼はその資本のことような使用方法によって，20％の利潤を取得するであろう。しかしその利得も，輸入商品の価値も，共に取得された外国財貨の分量の多少によって増減することはないであろう。たとえば，彼がブドウ酒25樽を輸入しようと50樽を輸入しようと，ある時には25樽が，また他の時には50樽が等しく1200ポンドで売れるかぎり，それは彼の利益にはすこしも影響しないのである。いずれの場合にも，彼の利潤は200ポンドで，すなわち彼の資本に対する20％に，限定されるであろう。そしていずれの場合にも，同一の価値がイギリスに輸入されるであろう」[13]と論じている。

リカードウにおいては，「すべての取引の目的は，生産物を増加させることであり」[14]「外国貿易であれ国内商業であれ，すべての取引は，生産物の価値を増大させることによってではなく，その分量を増加させることによって，有利なものになる」[15]のである。

「もしも外国貿易の拡張により，あるいは機械の改良によって，労働者の食物と必需品が低減された価値で市場にもたらされうるならば，利潤は上昇するであろう。もしも，われわれが，自国の穀物を栽培したり，あるいは労働者の衣服およびその他の必需品を製造したりするのではなく，より安い価格でこれらの商品をわれわれに供給することができる新しい市場を発見するならば，賃銀は低下し利潤は上昇するであろう。しかし，もしも，外国貿易の拡張により，あるいは機械の改良によって，より安い値段で取得される諸商品が，もっぱら金持ちによって消費される諸商品であるならば，利潤率になんらの変更も起こらないであろう。たとえブドウ酒，ビロード，絹織物，およびその他の高価な商品が50％下落するとしても，賃銀率は影響を受けないであろう。またその結果として利潤はひきつづき不変のままであろう。

そうしてみると，外国貿易は，収入が支出される諸物の分量と種類とを増加し，また諸商品の豊富と低廉とによって，貯蓄と資本の蓄積とに刺激を与えるから，1国にとって高度に有利であるとはいえ，輸入される諸商品が労働の賃銀が支出されるその種類のものでない限り，資本の利潤をひき上げる

第 8 章　D. リカードウの貿易論　155

傾向をすこしももたないであろう[16)]」ことになる。

(注)
1) J. Robinson, *Reflections on the Theory of International Trade*, 1974, p. 4. 拙訳『国際貿易理論の省察』駿河台出版社　昭和52年　7頁。
2) J. S. Mill, *Essays on some Unsettled Questions of Political Economy*, 1844, p. 1. 末永茂喜訳『経済学試論集』岩波書店　昭和23年　7頁参照。
3) *The Works and Correspondence of Dauid Ricardo*, ed., by P. Sraffa, (以下Worksと略す) Vol. I, p. 135. 堀　経夫訳『リカードウ全集Ⅰ』雄松堂　157-158頁。
4) J. Robinson, *op. cit.*, 邦訳所収拙著付録　36-37頁。
5) *Works*, Vol. I, p. 134.
6) 舞出長五郎『経済学史概要』上巻　岩波書店　昭和16年　206頁参照。
7) A. Smith, *An Inquiry into the Nature and Causes of the Wealth of Nations*, 1776.（ここでは、1925年のE. Cannanのものを使用した。原書頁はそれによる。) Vol., I, BK, IV, ch. II, p. 422. 大内兵衛訳『諸国民の富』(3) 岩波書店　1959年　58頁参照。
8) L. L. Price, *A Short History of Political Economy in England, from Adam Smith to Arnold Toynbee*, 1891. p. 30. 石渡六三郎『英国経済学史』日本評論社　昭和3年　33-34頁。
9) A. Smith, *op. cit.*, vol., III, pp. 423-424. 邦訳　第3編　40-41頁。
10) 例えば「リカードウによれば、ポルトガル人1人当たりの産出量は、イギリス人1人当たりについてよりも高いが、しかし、資本における利潤率は、必ずしもイギリスにおいてよりもポルトガルにおいて高いとは限らない（リカードウは、海外の利潤の方がイギリスにおいてよりも高いということを示唆するように思えるけれども）。ポルトガル人1人当たりの実質賃銀は、産出量よりもより大きい比率で高くなるかもしれないし、あるいは貿易に加わらないポルトガルでの実質賃銀の若干の構成要素は、イギリスの労働に関するイギリスの実質賃銀のそれよりもポルトガルの労働に関する費用の方が高くなるかもしれない。そのため、ポルトガルでの資本における利潤率は、イギリスにおいてよりも低くなるであろう。各国における利潤は、その国自体の技術条件によって、またその実質賃銀率によって決定される。すなわち、どちらか一方が他方よりも高くなるか、あるいは運よく両方が等しくなるかもしれない。
　　リカードウは、産業が拡大しても縮小しても何んら支障がないということを

当然のことと考えている。イギリスは，ブドウ酒と比較して服地を生産することに優位があり，ポルトガルは，ブドウ酒の生産に優位がある。イギリスもポルトガルもそれが，比較優位がある産業を拡大することにより，しかもまた自国で財を生産するかわりに輸入される他の財を認めることによって貿易が増大する場合（たとえば，輸入税が無視されているため），利益を得るのである。」
(J. Robinson, *op. cit.*, p. 45. 拙訳 7 − 8 頁)。
11) J. S. Mill, *op. cit.*, p. 2. 邦訳 8 頁。
12) *Ibid.*, p. 2. 同訳　8 − 9 頁。
13) *Works*, Vol. I, p. 128.
14) *Ibid.*, pp. 318−319.
15) *Ibid.*, pp. 319−320.
16) *Ibid.*, pp. 132−134.

## 3　諸仮定の設定

リカードウの比較生産費説の理論それ自体，多くの仮定に立脚しており，また抽象的であり必ずしも一義的に明確なものではないが，だからといって，直にリカードウの理論が貿易の成立を説明しえないものであると決めてしまってはならない。それは，彼の理論に立脚している仮定を1つずつ具体化し，現実の貿易を説明するために実際化することが必要であるためである。リカードウの比較生産費説の立脚する仮定は，次のような諸仮定が基礎となっていることは，大概明白である。

例えば，一般的に述べられてきている諸仮定を列挙すれば，G. ハーバラーは，この仮定をより現実的な仮定へと置き代えている。それに従えば，
(1)　物々交換
(2)　2国2財
(3)　運送費の無視
(4)　不変費用
(5)　需要・供給の無視
(6)　労働という普遍的生産手段の存在
これらの諸仮定は，ハーバラーによれば，E. S. メイソンのように比較生

産費説が陳腐な価値論に立脚していると極端な程強調している訳ではないが，リカードウ理論は，このように労働価値説を基礎としなければ，その理論には調和がなくなってしまうと述べている。[1]

またJ. ヴァイナーによれば次の如くである。
(1) 長期間の調整のための充分な時間
(2) 自由競争
(3) 2国2財
(4) 不変的労働費用（生産高の変動に拘らず）
(5) 各国内における総実質費用および供給価格と労働時間費用に対する比例性[2]

またJ. ロビンソン女史は，古典的モデルの仮定（マーシャルによる）を次のように定めている。
(1) 国内の与えられた生産資源の完全使用および国家間での生産要素の不移動性
(2) 一定の嗜好と技術，知識
(3) 各国内の産業間での生産要素の完全移動
(4) 各産業内での完全競争状態
(5) 各国に等しい毎年の輸出入の価値[3]

以上の諸仮定は，共通した認識の上に立っており，これらを考慮することによって，リカードウの理論（比較生産費説）は，より明確なものとなって表現されることになった。またリカードウが，彼の理論を単純化して点に関して，ハーバラーは，「単純化は単に説明を容易にするだけであって，事態の本質に触れるものではない」としている。[4]

今，これと関連して，正統派の考え方の中心的な部分を占めている自由貿易を支持する命題について言及してみよう。J. ロビンソン女史によれば，この命題は，それぞれはじめは定常状態にあり，与えられた資源は，完全競争のルールのもとで完全に雇用されているような2つの国を考える。そして，貿易によって，輸入は輸出に等しくなり，他の条件は変わらないという均衡状態との比較をしようとするものであったと考えられる。[5] 定常状態は，労働

力がおのおのの生産者のグループにとってそれぞれ不変である場合，達成される。そしてまた，すべての国々が，その所有する生産手段のストック量に満足し，それをそのままに保とうとしているため，粗投資がどの品目についても損耗に等しく，純貯蓄がゼロの場合に達成される。習慣および趣味に変化なしとすれば，その時存在するすべての生産要素の供給量に対応する価格および産出高の均衡状態が存在する[6]。

リカードウは，定常状態を経済発展の究極点とみなし，1国の経済は必然的に遅かれ早かれ，その点に到達するものと考える。定常状態は，経済成長が行きついた必然的状態であり，遅延されることはあるが，決して回避されるものではなかった。この定常状態は，1国経済の最も発展した状態であるから，その国の富も，人口も最高点に達し，また増加が停止しているから，穀物需要の増加は止まり，土地は最劣等地にいたるまで耕作されており，それ故地主が手に入れる地代も差額地代に依存する限り最大となる。さらに，穀物生産に関してその難易に増減がないから，穀物価格は変動しない[7]。

またリカードウに関しての定常状態は，均衡ではなくて停滞を意味した。彼は恐怖の挿話としてそれを用いた。施行されている穀物法の場合，必要な賃銀を生み出す労働費用は，耕作の範囲が拡大されるにつれ，蓄積が停止する水準で利潤が減少されるまで上昇するだろう。リカードウの理論は，時間の観点における見解から出発し，将来の方向を予言することになる[8]。

（注）

1) G. Haberler, *Der International Handel*, SS. 100-101. 1933. 松井清他訳『国際貿易論』（上巻）有斐閣　昭和12年　225-6頁。
2) Jacob Viner, *Studies in the Theory of International Trade*, 1964. p. 444.
3) J. Robinson, *Collected Economic Papers*, Vol. I, p. 182.
4) G. Haberler, *a. a. O.*, S. 100. 邦訳225頁。
5) J. Robinson, *Reflections on the Theory of International Trade*, 1974. p. 14. 拙訳『国際貿易理論の省察』駿河台出版社　昭和52年　25頁。またJ.ロビンソン女史は，「リカードウが彼の議論を設定した方法は，貿易がもたらす構造で自己満足している場合，各国における産出量構成の比較を示唆することで

あった。その理論が発展するにつれ，それは定常状態の比較の点から形式化されていった。孤立した各国は，"与えられた資源"をもつ定常状態になり，また取引にあってはそれは，再び同一の資源をもつ定常状態になる」と述べている (*Ibid.*, p. 14. 同拙訳25頁)。

6) J. Robinson, "The Basic Theory of Normal Prices", *Quarterly Journal of Economics,* February, 1962. p. 4.
7) J. Robinson, *op. cit.*, 邦訳所収拙著付録 51頁。
8) *Ibid.,* p. 14. 邦訳25頁。

## 4　穀物の自由貿易

　比較生産費説についてリカードウがその理論を展開した理由は，彼が現実問題として本来穀物貿易の制限を撤廃することによって，すなわち自由貿易を国際分業の本質を基礎として，その上で一般的に獲得できる利益を認識してもらうべく，特に自国内の各階級，一般市民の利益のために論じたのではないかと思われる。そのため，穀物貿易に関するリカードウの見解を言及してみよう。

　リカードウの理論においては，低廉な穀物の輸入も，もちろん一般消費者の利益であると同時に生産者や資本家の利益でもあることになり，また労働者の利益にもなる。穀物貿易に関する限りにおいて，消費者，資本家，労働者間に利害の対立はないとの見解にリカードウが立っていることになる。穀物の輸入に対する制限は，資本における利潤を低下せしめるものではあるが，穀物の自由貿易は，それを高騰せしめるのである。穀物の輸入が制限されている場合，富の増加および人口の増加につれて，その食糧供給のため劣等の土地に頼ることを余儀なくされる。そのためにそこに投下される労働量は多量となり，その結果，食糧の価格は騰貴することになる。

　リカードウによれば，「製造された物であろうと，鉱山の産物であろうと，土地の生産物であろうと，すべての商品の交換価値は，常にきわめて有利な，そして生産上の特殊の利便をもつ人々によって独占的に享受されているような事情のもとで，それらの物を生産するのに十分なより少量の労働によって

左右されるのではなくて，このような便宜をもたない人々によって，すなわち，もっとも不利な事情のもとでひきつづいてそれらの物を生産する人々によって，その生産に必然的に投下されるより多量の労働によって左右されるのである。ここにいう最も不利な事情とは，生産物の必要とされる分量のためには，そのもとでも生産を続行せざるをえない，その最も不利な事情の意味である[1]」とする。

すなわち，交換価値は，最有利の事情の下で費す労働量によってではなく，最も不利な事情の下で費すそれによって決定される。限界土地の労働量によって交換価値が決定される。リカードウにおいては，財貨の全価値はただ2つの部分に分たれるだけである。すなわち，1つは資本の利潤を，他は労働の賃銀を成すのである[2]。そのため，穀物の輸入が制限されている時は，資本の利潤は次第に低下することになる。反対に穀物の貿易を自由にし，外国から低廉な穀物を輸入する場合は，労働賃銀は下落し資本の利潤は上昇することになる。それはまた穀物の輸入が制限されている場合に，賃銀が騰貴することを意味する。しかしこの場合，貨幣賃銀が上昇するのであって，穀物賃銀はむしろ減少する。

それ故，穀物が高くなるに比例して，労働者の受取る穀物賃銀は減少するであろう。しかし一方彼の貨幣賃銀はつねに増加するであろう。しかし他の物品も，原産物を材料として使うに準じて，価格が騰貴するから，彼はその中の若干のものを買うのには前より多くの金を払わねばならない。そこで賃銀の増額があったとしても，彼の生活条件は相対的には前より悪化しているのである[3]。穀物貿易に対する拘束を撤廃し，外国から低廉な穀物を輸入する場合，労働の貨幣賃銀は減少するけれども，穀物賃銀は増加し，実質的には受取る収入は増加し，生産条件は好転することになる。

リカードウは，穀物輸入の制限策を排撃し，穀物貿易の自由を強調する。彼は，単に生産者の利益であるからとして，それだけのことで，穀物貿易の制限の撤廃を主張するものではない。リカードウの理論においては，低廉な穀物の輸入は，同時に労働者の利益であり，一般消費者の利益である。穀物貿易の利益は，リカードウにおいては，三者一体の利益において，全体の利

益の立場において把握されている。すなわち，こと穀物貿易に関する限り，消費者，生産者，労働者の間に，完全な利害の融合があるとリカードウは観る。穀物貿易の制限か自由かの問題は，要するに，単に地主のためを図るか，それとも自余の総ての者のためを図るかの問題に帰着することになる。[4]

そのため，リカードウにおいては，穀物に関する自由貿易は，資本家，生産者の利益であると共に一般消費者については言うに及ばず労働者にとっても利益を有することになる。そのための穀物貿易の制限撤廃であった。

（注）
1）*Works,* Vol., I, p. 73. 邦訳85－86頁。
2）*Ibid.,* p. 110. 同訳　128頁参照。
3）*Ibid.,* p. 114. 同訳　132－133頁参照。
4）井上次郎『リカアドォ貿易論の研究』三和書房　昭和25年　110－111頁参照。

# 第9章　ジェイムズ・ミルの貿易論

## 1　はじめに

　ジョン・スチュアート・ミル（J. S. Mill: 1806-1873）はその自伝書『ミル自伝』[1]（*Autobiography of John Stuart Mill*, 1873）の中で彼の父であるジェイムズ・ミル（James Mill: 1773-1836）についてその思想を次のように語っている1節がある。それによれば，「父の抱いていた見解は，政治についても宗教についても，当時勢力を持っていたすべての人にとって，また，羽振りのよい生活をしている普通の英国人にとって，あとにもさきにも類例がないくらい嫌悪すべき見解だったのである」[1]と述べ，さらに綿密で精力的な父親の教え方の方法論は，およそ古来のいかなる科学教育の方法も，彼がJ. S. ミルに論理学と経済学を教えた方法以上に徹底的であったとされている。
　一般的にジェイムズ・ミル（James Mill：1773-1836）[2]は，リカードウ（David Ricardo：1772-1823）の後継者としてその学説を組織的な形態で叙述し，展開した最初の経済学者としてとり挙げられている。その意味において，かれの役割が，単にリカードウ経済学の普及者としての位置付けでしかないとの見方があるが，決してそうとは言い切れないところがあった。この点に関しても，J. S. ミルは，「1817年に出版されたリカードウの名著『経済学および課税の原理』（*On The Principles of Political Economy, and Taxation*, 1817）が，父の懇望と強いはげましとがなかったらば，出版はおろか執筆さえされなかったであろう。リカードウという人は実に内気な人で，自説の正しいことは固く信じて疑わなかったけれども，その正しい自説を正当に解説し証明することは到底自分にはできないと考えていたから，それを公にする等ということは思っただけでもしり込みをするほうだった。」[3]そのため，その後リカードウの大著の諸説を初心者向きに祖述した『経済学綱要』（*Element of*

*Political Economy*, 1821) が必要になったのである。その点でジェイムズ・ミルがリカードウに出版を勧め，その学説を公にさせた功績は評価すべきことであったと思われる。[4]

　古典学派は，アダム・スミスを創始として最後の完成者であるJ. S. ミルまでの間には約70年もの時期の隔たりがあり，同じ古典派といってもその時代的背景の相違によって問題意識の違いが生じてくるのは当然かもしれない。すなわちそれは，産業革命以前のスミスの理論と，さらにその後進歩発展を遂げた段階での経済を意識することになる者達の経済理論のそれである。勿論そのためそれぞれの理論の裏づけとなる哲学は，スミス理論の根底にある自然法的思想から，もっと合理的な功利主義的思想としてのベンタム (Jeremy Bentham：1748-1832) 主義へと変化し，ジェイムズ・ミルはその子J. S. ミルにこの思想を伝承した。[5] さらにそれは，新古典派へと受け継がれ，公正の原則に基づいた資本主義社会が実現する。

　その流れの中においてジェイムズ・ミルの役割は，1808年に著した『商業擁護論』(*Commerce Defended,*) によってリカードウの経済学への関心を一層高めさせることになり，リカードウ経済学の中心的課題である分配の法則を形成さししめた。さらにミルを通してのベンタム流の非形而上学的な立場から，より純粋経験科学的経済学を構築することになった。19世紀の経済学の幕開けは，[6] アダム・スミスの『国富論』であったが，「その中の主題となっていた価値と分配が，生産組織の理論から切り離され，それ自体の自立性を当然のことと見なす傾向が力をえてきた。J. B. セー (Jean Baptiste Say：1767-1832) は，スミスの体系を，みずから発展させるにさいし，彼のいわゆる「論理的」な区分をあえて強行することによって，それを，生産と分配とに分割した。ジェイムズ・ミルは，さらに一歩を進め生産と分配と相互交換と消費を論じた。これらの題目の下での叙述がすべて，1人当り生産の増減をもたらす諸原因にそそがれている。[7]」

　（注）
　　1) J. S. Mill, *Autobiography*, Longmans London 1873. pp. 3-4. 朱牟田夏

雄訳『ミル自伝』岩波書店　昭和35年　13頁。
2）ジェイムズ・ミルの全般に関しては，山下重一『イギリス思想叢書　8　ジェイムズ・ミル』研究社　1997年　参照。Cf,. David weatherall, *David Ricardo A Biography*, Martinus Nijihoff 1976. pp. 73 - 78. Dudole Kaulla, *Die Geschichtliche Entwicklung der Modernen Werttheorien*, Tubingenn, 1906 S. 160.
3）J. S. Mill, *op. cit.*, p. 23. 邦訳33頁。
4）リカードウはユダヤ系イギリス人であったことも影響し，文中にはその特有の鋭い抽象的論理性が表現されている。また株の仲買人としての実業界の職業に従事していたにも拘らず，その反面非常に難解な無味乾燥的な表現であったとされている。「銀行家であった彼の記述は極めてまづい。忘れ難き印象を与える表現は何1つ発見できない。彼の主著は一定の計画がなく，読む者に倦怠を与える」とジイド・リストは言っている。
5）J. S. ミルは，かれの「精神の危機」以降その思想を変化させることになる。それは，ベンタム流の快楽的哲学から脱脚を意味し，単なる功利主義な思想に基づく資本主義経済社会の実現ではなく，公正な原則に基づいた個人的および社会的利益を達成するものへと変化であった。
6）19世紀の初頭に斯学の発達に貢献した多くの経済学者が輩出した。スミスの経済学の普及という点でD. リカードウの功績は，大きいものがあったが，その他にローダーデール伯，ジェームズ・ミル，マカロック，チャーマーズ等がいた。またフランスではJ. B. セイがスミス経済学の祖述者として名声を博していた。（白杉庄一郎『経済学史概説』ミネルヴァ書房　1973年　181-187頁参照。）
7）Lord Lionel Robbins, *The Theory of Economic Development in the History of Economic Thought.* 1968, pp. 10 - 11. 井手口一夫　伊東正則監訳『経済発展の学説』東洋経済新報社　昭和46年12頁。

## 2　基礎的理論

　ジェイムズ・ミルの経済学に性格的特徴は，その著書『経済学綱要』(*Elements of Political Economy,* 1821)において顕著であるように，J. B. セーの3分法と共にその後経済学の伝統的編別となった4分法であると称されている。すなわち経済現象の各分野，例えば生産，分配，交換，消費（消費

を除いて3分法)を講じたところにあろう。本書の緒言において次のように述べている。「経済学は2つの大きな研究に分かれる。すなわち，生産に関する研究と消費に関する研究である。しかし物が生産されて後，これが消費される前に，分配されなければならないことは明らかである。したがって分配の法則は1つの中間的研究を構成する。商品が生産され，分配される時，その諸部分が相互に交換されることは，再生産と消費のいずれにとっても極めて便利である。それゆえ商品が相互に交換される諸法則は，経済学の最後の大問題である消費に先行する1の第2次的研究である。このようにして，4つの研究が斯学の内に含まれるごとくである。第1に，商品を生産する法則は何であるのか。第2に，社会の労働によって生産された商品が，それによって分配させる法則は何であるのか。第3に，商品が相互に交換される法則は何であるのか。第4に，消費を支配する法則は，何であるのか。これらである。」[1]

このようにして，社会の経済過程は生産から交換，分配を経て，消費に至る一連の過程を反復することを全体として表示することを意図しており，形式的体系を整備する点において，あるいは生産に，あるいは分配に主力を注いだスミス，リカードウに比較して著しい進歩を認めなければならない。[2] 古典派経済学の最たる特徴は，資本主義経済社会の経済秩序を永久不変のものとして捉え，生産に関する法則や分配に関する法則も永久不変性があるものと考えられていたが，ジェイムズ・ミルは，J. S. ミルを通じながら生産法則と分配法則の異なった性質を峻別した。[3]

またJ. B. セーの理論（販路法則 Loi des Debouches）は，古典派経済学者たちが無意識の内に受け入れられていた。このセーの法則は，市場の理論であり，すなわち販路説であり生産物の生産それ自体が，その他の生産物の販路を提供することになり，一般的な過剰生産を発生させないことになる。経済現象は，物と物との交換とする実物経済社会であり，貨幣をその単なる媒介物たる交換手段としてのみ捉えていた。貨幣の職能は，その経済社会で流通手段，購買手段，価値手段，価値貯蔵手段などとして機能するわけであり，実物経済社会を想定する理論の受入は本来の姿ではない。

さらに「供給それ自ら需要を生み出す」(この言葉はJ. M.ケインズにより命名された)ことを標榜することは，資本に関する理論においても蓄積された富がすべて資本として投下され，転化されることになる。蓄積は，必ず投資されることになる。R. ミーク（R. L. Meek）は，ジェイムズ・ミルの『商業擁護論』の第6章の消費に関して，「ミルの消費の章は，注目にあたいする労作である。それは，円熟した古典派の見解を思わせるような主要観念に全く意識的に傾倒している，——いわく，生産が，主，消費は従である。社会の経済的進歩は資本の蓄積にかかっている，しかも蓄積基金のありうべき唯一の源泉は社会的剰余である[4]」のように述べている。

すなわち，ジェイムズ・ミルの消費論は，資本蓄積論であるといえよう[5]。ジェイムズ・ミルによれば，「市場とは，われわれが処分したいと思っている商品と引き換えに，いつでも何らかの物が交換されるということであり[6]」「商品の生産は，生産された商品に対して市場をつくり出すのであって，しかも，こうした市場をつくり出す唯一の，普遍的な原因なのである[7]。」「市場はある与えられた分量の商品に対してしか存在しないのであって，……その分量以上に供給をふやせば，その剰余部分は，処分できないであろう[8]」ために，資本として蓄積されることになる。

ジェイムズ・ミルの販路説は，生産のために使用された投入量は，剰余をともなった産出量として再現される。剰余のうちから資本化される部分，すなわち，資本蓄積が推奨される。生産が需要をつくり出すという販路説が主張され，またセーは，「ある者がその生産物を他人の生産物と交換を行う」という交換に関する命題としてである[9]。

J. B. セーにとっては，一度生産された商品は他の生産物に対する市場を与えるのであって，この定式化は，他の生産物が生み出された時に初めて是正されるような過剰生産能力を認めるものである。セーはまた，利子の喪失の回避とか貨幣価値の消滅といった根拠によって，販売収入の正常には即座の支出ということを理由付けしようと努めた。しかもセーには，こうした原則に対する例外を特定する用意まであった。これに対してジェイムズ・ミルの場合には，「誰でも，たとえその余裕があるとしても，自分の財産は何

1つ，無駄に遊ばせておいたり，荒れるがままに放って置いたりはしないであろう」という命題の簡単な言及と，物々交換によって経済を理解すべきこと——それは，貨幣保有それ自体は効用を生まないことを意味する——を正式に推奨する言葉があるだけである。市場に法則の原理についての教条的な理解——つまりセーの恒等式——は，ジェイムズ・ミルに帰せられるべきであって，J．B．セーのものではないいう見解がある[10]。

リカードウとミルとのJ．B．セーに対する捉え方は，少なからず異なっていたことは否めない。すなわち短期的には，総需要が総供給との間に乖離を見出している点である[11]。そのため，リカードウに於いては，総需要と総供給との常に等しくなるという恒等式ではなくて，両者の長期的または趨勢的な均等性を主張していると理解してもよいとするものである[12]。

(注)

1 ) James Mill, *Elements of Political Economy,* 3rd edition 1844, pp. 3-4. 渡邊輝雄訳『経済学綱要』春秋社　昭和24年　5頁。なお本原書は，http://socserv2.socsi.mcmaster.ca/~econ/ugcm/3113/milljames/elements.htmlも使用した。

2 ) 舞出長五郎『経済学史概要　上巻』岩波書店　昭和16年　404-406頁参照。

3 ) 拙稿「J．S．ミル国際分業論への導入過程」『政経研究』日本大学法学部　第42巻第3号　平成18年　289-308頁参照。

4 ) Ronald L. Meek, "The Decline of Ricardian Economics in England," *Economica,* Feb. 1950, "Physiocracy and Classicism in Britain," *The Economic Journal,* March 1951, "Phsiocrasy and the Early Theories of Under-Consumption," *Economica,* Aug. 1951, pp. 35-39. 吉田洋一訳『イギリス古典派経済学』　未来社　1976年　80頁。

5 ) 溝川喜一『古典派経済学と販路説』ミネルヴァ書房　昭和41年　56頁。またCf,. Thomas Sowell, *Classical Economics Recnsidered,* Princeton University Press 1974. p. 141.

6 ) James Mill, *Commerce Defended, an answer to the arguments by which Mr, Spence, Mr, Cobbett and others, have attempted to prove that commerce is not a source of national wealth,* second edition, 1808. p. 81. 本稿では，Augustus M Kelley, 1965のReprint版を使用した。岡　茂男訳

『商業擁護論』未来社　1965年　95頁。また他訳として相見志郎，山下博訳「ジェイムズ・ミル商業擁護論（一）〜ジェイムズ・ミル商業論と対仏戦争観」『経済学論叢』同志社大学　第11巻第１号〜第３号，第６号　昭和36年，昭和37年がある。本稿では，これらの翻訳をそのまま引用していない箇所もある。本書は，W. スペンスの小冊子 *Britain Independent of Commerce,* 1807（『商業に依存せざる英国』）やこれに同調するコベット（W. Cobbett：1762−1835）などの論稿に於いて主張された農業偏重＝商業無用論に反対する論陣の１つとして書かれたものである。その論点の重要な視点は２つある。１つは，富の源泉が農業に局限されず製造業や商業にまで拡大されるべきであるという社会繁栄論であり，もう１つは，貯蓄は，生産的消費をもたらすことによって生産と消費との不一致を引起さないという消費論である。後者は，「セーの法則」と交錯する「ミルの法則」としてリカードウに影響を与えた（小林昇編『経済学小辞典』学生社　1963年　187頁　参照）。

7）*Ibid.*, p. 81. 同訳　94−95頁。
8）*Ibid.*, p. 80. 同訳　94頁。
9）溝川喜一　前掲書　56頁−58頁参照。「ミル・スペンス論争の分析を通じて，ミルの『商業擁護論』が，古典派自由貿易論の発展過程のなかで占める重要な地位とともに，その理論的基礎に据えられているミルの資本蓄積論が，スミス〜リカードウへの古典派資本蓄積論の展開過程に占める注目すべき地位」とが存在する。（高木暢哉編著『経済学史の方法と問題』ミネルヴァ書房　1978年　210頁。）
10）Samuel Hollander, *Classical Economics,* Basil Blackwell Ltd Oxford 1987. p. 246. 千賀重義他訳『古典派経済学』多賀出版1991年　308頁。セーの恒等式と均等式に関しての明確な証言は，J. S. ミルによって与えられることになるが，それ以前にすでに J. ミルやマカァロクは，これらの問題の相違についてさまざまな箇所で討論し，表明している。（Cf,. Mark Blaug, *Economic Theory in Retrospect,* fourth edition. Cambridge University Press 1985. pp. 153−159. 久保芳和他訳『経済理論の歴史　I（全４巻）』247−254頁。）
11）デビット・リカードウは，「資本と生産物は短期間ならば，需要よりも速く減るかも知れないが，――長期的には，資本が減っていく場合に有効需要が増えたり不変のままであったりすることはありえない」といっている。（*The Works and Correspondence of David Ricardo, vols. I-XI* P. Sraffa ed.. Cambridge 1973. VI p. 120. 中野　正監訳『デイヴィド・リカードウ全集』雄松堂書店　1970年　第VI巻　140頁。）

12) *Ibid.*, p. 248. 同訳　310頁。

## 3　国際分業論

　ジェイムズ・ミルの『経済学綱要』の第3章交換，第4節「相互に貨物を交換することが諸国民の利益である場合」において国際分業に関する理論が展開されている。事実国際分業に関する理論は，スミス，トレンズ，リカードゥなどに於いて十分に展開されてきている。しかし自由貿易を押し進める理論をできるだけ容易に理解させるための一方策は，正にジェイムズ・ミルによって実行されたのである[1]。それはある意味では，アダム・スミスの素朴な国際分業に関する理論としての絶対的生産費説にはじまりリカードゥの自由貿易のドラマチックな理論としての比較的生産費説への橋渡しであった。

　ジェイムズ・ミルは次のように論じている。すなわち，「労働に分割とその巧妙な配分より生じる利益は，貨物の交換を生じせしめる動機の1部を成すものである。人々は，それによって他の諸々の物品を調達することができるのでなければ，個人の幸福に寄与する種々の物品の内ただ1つの物のみを生産するに留めると言うことにはないであろう。貨物を交換せんとする動機を極めて明白に与えているもう1つの事情がある。ある貨物は特定の場所においてしか生産され得ない。金属，石炭，その他最も重要な種々の貨物が，一定箇所の生産物である。若干の植物生産物の場合も同様であって，それらのものにはすべての土壌と気候とが適しているというわけには行かないのである。若干の貨物は，特定の箇所に限られてはいないけれども，或る所においてその所におけるよりも一層便利に且つ廉価に生産することができる。例えば，多大の燃料の消費を必要とする貨物は，炭田地方に於いて，その製造に強力な動力を必要とする貨物は，落流を十分得ることのできる所に於いて，手の労働を必要とする割合が特に大である貨物は，食料品，したがって労働の廉価なところに於いて，一層便利且つ廉価に生産することができるのである」[2]として，一般的に認識できる程度の素朴な分業論である絶対的生産費説を展開している。

またさらに,「仮に2国はいずれも共に2つの貨物,例えば穀物と毛織物とを生産することができるが,しかし両貨物を互に同じように容易に生産することはできないとすれば,2国はそれぞれそれらの貨物の一方だけを生産するに留めて,これを他の一方と交換することを利益するであろう。もし2国の一方が2貨物の一方を特に有利に生産することができ,他の一方が貨物の他の一方を特に有利に生産することができるとすれば,両国のそれぞれをして,その生産がその国に特に有利である貨物だけを生産するに留めしめるような動機のあることは,ただちに明白である。しかし2国の一方が両貨物いずれの生産に於いても他の一方に優る便宜を有する場合にも,かかる動機はやはり存在するのである。ここに他の一方に優る便宜とは,一層少量の労働を以って同一成果を生産する力のことである」[3]と言及している。すなわち,1国が両方の貨物の生産に関して,他の国よりも生産費に於いて優位な状態にある場合にも交換は成り立つのであり,正にそこにおいても国際分業が展開されるのである。これが自由貿易を前提とした国際分業の真髄であり,リカードウが本来求めていた比較生産費説の存在であり,ここではその説明が行なわれている。

そして,これらの命題を証明するために2国2財の前提条件で論理が展開されている。しかしここで非常に重要なことは,ジェイムズ・ミルの説例に関する論理展開がリカードウのものといくつかの点で相違している箇所である。例えば,リカードウでは,イギリスとポルトガルが,ジェイムズ・ミルの場合にはイギリスとポーランドの2国である。また扱われている生産費中の説例も人員ではなく日数に,さらにぶどう酒と服地を穀物と毛織布に変更している。日数への変更やぶどう酒や穀物への置き換えは理解できるとしても,2国に関する変更は考慮する必要がある。リカードウの説例では,ポルトガルとイギリスが服地を輸出することからの利益と同一の利益をぶどう酒を輸出することから得ることであった。しかし現実の生活ではポルトガルは,イギリス海軍の援助に頼っていた事実があった[4]。このことは,リカードウの比較生産費説をよりドラマチックな演出をする上で用いた説例であったと推測できよう。

この件を考慮しジェイムズ・ミルの理論を引用してみよう。例えば、「もしその各々がポーランドに於いて100日の労働を必要とする毛織布と穀物とが英国に於いて各々150日の労働を必要とすれば、英国に於ける150日の労働の毛織布は、ポーランドへ送られれば、ポーランドに於ける100日の労働の毛織布と等しいということになるであろう。それ故、穀物と交換されれば、それは単に100日の労働の穀物と交換されるに過ぎないであろう。しかしポーランドに於ける100日の労働の穀物は英国に於ける150日の労働の穀物と同量であると仮定されている。それ故、毛織布に於ける150日の労働を以って、英国は、同国が時刻に於いて150日の労働を以って生産することのできるのと同じだけの穀物をポーランドに於いてえるにすぎないであろう。しかも英国は、その輸入の際に、その他輸送の費用をも負担するのである。かかる事情の下に於いては交換は行われないであろう」[5]とする。

これに反して、「ポーランドに於いて100日の労働を以って生産される毛織布は、英国に於いて150日の労働を以って生産されるが、ポーランドに於いて100日の労働を以って生産される穀物は、英国に於いて200日より少ない労働を以っては生産され得ないとすれば、交換に対する十分な動機が直ちに生ずるであろう。英国は、同国が150日の労働を以って生産する分量の毛織布を以って、ポーランドに於いて、そこで100日の労働を以って生産されるだけの穀物を購買することができようが、そこではポーランドの分量と英国での労働の生産される分量は同じ大きさとなってしまう。しかし、英国に於いて200日の労働によって生産される分量に等しい、ポーランドの100日の労働を要費する穀物量を以って、ポーランドは過程の場合に於いては、英国に於いて、毛織布における200日の労働の生産物を購買することができる。毛織布の品目に於いては英国における150日の労働の生産物はポーランドにおける100日の労働の生産物と等しいであろう。かくてもし100日の労働の生産物を以って、ポーランドが、150日の労働の生産物でなくて、200日の労働の生産物を購買できるとすれば、ポーランドも、また利益の全部を獲得するであろうし、英国はこの場合には、200日の労働によって生産し得る穀物を、他の貨物における同日数に労働の生産物を以って購買することとなろう。そこ

で，競争の結果かかる利益を両国間に等分することとなるであろう」[6]ことになる。

それ故，比較生産費説の命題は，次のようにまとめられよう。すなわち「交換が行なわれるためには，2つの国と2つの貨物とがなければならない。両国が両貨物を共に生産することができる時に，両国の1国をして両貨物の1つを生産するだけに留めて，他を輸入するようにさせるのは，〔その貨物の生産が相手国に比較して〕絶対的に容易であるということではなくて，〔もう一方の貨物に比較して〕相対的に容易であるということである」[7]と言えるであろう。 すなわち，「1国がある貨物を輸入することも，また国内で生産することもできる時には，かかる国は，国内で生産する費用と外国から調達する費用とを比較し，もし後者が前者より少なければ，輸入する。1国が外国から輸入できる費用は，外国がその貨物を生産するに要する費用の如何によるのではなく，その国が交換に送る貨物の生産に要する費用の如何によるのであって，この費用が，もし同国がそれを輸入しなければ，当該貨物の生産のために要するに相違ないと比較されるのである」[8]と結論をだして，国際価値をも展開する。

それによると，「すなわち，ある貨物の他の1貨物に対する購買力が，2国に一方において，他の一方におけるよりも小であるときには何時でも，これらの貨物を相互に交換することがそれら両国にとって利益である。しかも，貨物を相互に交換することを諸国民の利益たらしめる購買力の相違が，運送費などを償うに足るほど大でないならば，利益は何ら得られないのである。」[9]

「1貨物を他の貨物と交換することから得られる利益は，あらゆる場合に於いて，受け取る貨物から生じるのであって，与える貨物から生じるのではない。1国が交換する場合，換言すれば，1国が他の1国と貿易する場合にはその利益の全部は，輸入される貨物にある。すなわち，1国は輸入によってのみ利益を得るのである」[10]この自明の命題は，一般的な通俗的な見解を考慮している者からすれば，それにあまり一致していないために，ある人にとって見れば理解することが容易ではないかもしれない。ある者は，貿易によって利益を得ようとすれば，その場合は自分の所有している貨物を引き渡す

第9章 ジェイムズ・ミルの貿易論　173

ことによってのみそれが享受できるのである。そのため，もし彼がその貨物を交換する以上に評価していたとしたら，彼は，その貨物を手放すことはなかったであろうと思われる。また彼は，自分の所有する貨物よりもむしろ他の貨物を得ようとする気持ちが大きい事実がある場合には，他の貨物が彼にとって一層価値あるものとして現れるのである。

　J. S. ミルによれば，2国間の貿易が成立すれば，2つの商品は，両国において同じ交換比率で相互に交換される。すなわち，国際交易条件は，国際的需要の方程式に依存することになると論じている。換言すれば，「国際的需要の方程式」が1国の輸入と他国の輸入の価値とが均衡しなければならない条件を定めている。したがって，交易条件は，各国の「需要の量と伸張性」，あるいは現在では，需要の水準と弾力性と呼ばれているものによって決定される。外国の需要が大きくかつ弾力的であればあるほど，自国の交易条件が有利になるとする見解をとっている。まさにこの交易条件に関する理論は，J. ミルからのものであり，国際価値論（国際均衡論）として J. S. ミルによって述べられたものである。そしてさらにこの理論は，A. マーシャル（Alfred Marshall 1842-1924）によって相互需要曲線として分析されていった[12]。

　さらに J. S. ミルに従えば，輸入品の価値について，リカードウ，ジェイムズ・ミルの学説を継承して，その価値はその商品の生産国における生産費によって定められるのではなく，それと交換される輸出品の生産費に依存するものとした。しかもこの点を展開して，生産費は，輸入品の価値の変動する限定を定めるにとどまり，最終的には国際価値を決定するものは，両商品に対する各国の需要供給関係であるとするものであった。

　ジェイムズ・ミルは，ある国が国内で生産できる貨物の輸入と生産できない貨物の輸入とに分けて，次のように言っている。「その国自身が生産しうることのできる貨物を輸入する場合，例えばポーランドとの貿易の場合に於いては，英国が自己の穀物をポーランドから輸入するのは，英国がかようにして，毛織物布における若干日数の労働の生産物を以って，英国において生産したならば一層大なる日数の労働を要したであろうような分量の穀物を獲得することができる場合に限るのである。もし英国が，自国に於いて同量の

労働を以って生産できる程度の穀物しか，ポーランドに於いて毛織布を以って獲得できないと言うことであったとすれば，英国はその取引に於いて何等利益を得なかったであろう。英国の利益は，同国が輸出するところのものから生ずるのではなくて，悉くその輸入するものから生ずるであろう。」[13]

このことは，さらにまた，1国が，自分自身では生産することができないような貨物を輸入する場合には，……かかる国，あるいは，一層厳密にいえばかかる国の人民は，ある一定の彼ら自身の貨物をもっているのであるが，しかしこれらの貨物を彼らは喜んで或る一定の他国の貨物と引換えに与えるのである。彼らは，これらの他の貨物を得ることをむしろ希望しているのである。それ故，彼らは，彼らが手離すものによって利益を得るのではなく，……彼らが受取るものによって利益を得るのである。」としてその相違に言及している。[14]

（注）

1) 1818年8月22日のリカードウからマカァロクへの手紙の中で，リカードウは，「私には誇るべき帰依者が少ないのですが，その人たちのなかにあなたとミル氏とを加えることができるならば私の勝利はけっして小さくありません」(Ricardo, *Works,* vol. VIIP. Sraffa ed., p. 286. 邦訳『全集』第7巻336頁)とあり，また1823年に耳風邪が悪化してリカードウが亡くなった後の1823年9月19日のミルからマカァロクへの手紙のなかで，その悲しみを伝えるとともにミルは，マカァロクに「あなたと私だけが彼のただ2人の真実の弟子なのですから」(ibid., vol. IX, p. 392. 同訳『全集』第9巻436頁)とあり，忠実なリカードウの後継者となっていたことが明確である。

2) James Mill, *Elements of Political Economy,* 3 rd ed,. 1844. pp. 118-119. 渡邊輝雄訳『経済学綱要』春秋社　昭和24年　105頁。

3) *Ibid.,* p. 119. 同訳　106頁。

4) Joan Robinson, *Reflections on the Theory of International Trade.* Manchester University Press 1974. p. 1. 拙訳『国際貿易理論の省察』駿河台出版社　昭和52年　2頁。

5) James Mill, *op. cit.,* pp. 120-121. 同訳　107頁。

6) *Ibid.,* p. 121. 同訳　108頁。Cf., William R. Allen, *International Trade Theory: Hume to Ohlin,* Random House Inc. 1965. pp. 71-74.

7) *Ibid.*, p. 123. 同訳　110頁。
8) *Ibid.*, p. 123. 同訳　110頁。
9) *Ibid.*, pp. 123-124. 同訳　111頁。
10) *Idid.*, pp. 123-124. 同訳　111頁。
11) Mark Blaug, *op. cit.*, p. 204. 邦訳340頁。
12) 例えば，リカードウは，国際分業の必要性，また貿易当事国がどのような産業に特化し，でき上がった製品と交換に，何を輸入することになるのかという問題に関して，体系的に理論を打ち立てたが，2国間の貿易上の交換比率――すなわち「交易条件」――は，どの間で決定され，そこから生じる利益は，2国間でどのように分配されるかの議論は言及されなかった。拙稿「リカードウの貿易論について」『政経研究』日本大学法学部　第36巻第2号　平成11年　195-212頁参照。
13) J. Mill, *op. cit.*, pp. 126-127. 同訳　113頁。
14) *Ibid.*, pp. 126-127. 同訳　113頁。

## 4　貿易擁護論

　すでに「セーの法則」と「ミルの理論」の関係について述べた。簡単に要約すれば，それは，前者が，市場法則というものを以って販売と購買との一致を強調する物々交換社会における交換の説明に過ぎなかったが，ジェイムズ・ミルに受け継がれて貨幣経済社会に関するものに再構成されたのである。当然のようにリカードウはこのミルの理論を受け入れた。ジェイムズ・ミルの『商業擁護論』(*Commerce Defended* 1808)[1]においては，それは，需要側の障害に妨げられることなく無制限の産業拡張が可能だということである[2]。ここでは，特に第5章商業，第1節輸入商業，第2節輸出商業を中心に論じる。本書は，非常に時事的な問題論争を意図したものであった。その直接的な論争相手は，『イギリスは商業に依存せず』(*Britain Independent of Commerce.* 1807)の著者であるW. スペンス（William Spence 1783-1860）に対する反論であった[3]。

　ジェイムズ・ミルの商業の本質は，本書の副題である「商業は国富の一源泉ではない，ということを証明しようとしたスペンス氏，コベット氏および

その他の諸氏の議論に対する一答弁」にも拠るように思われる。すなわち，彼らは，商業は絶対に富を生産しないというパラドックスを用い，商業の価値はそれ程のものでなく，商業そのものの不安定性を論じている。特にW. スペンスは，イギリスの貿易の不安定性について警告を発して，「数年前であれば，誰かが，わが国の貿易を前大陸から遮断する力を獲得できるかもしれない，といった考えは，一笑に付されたであろうが，今では，その現実の見込みがないとは，とうてい思われない」としている。

これに対して，ジェイムズ・ミルは，W. スペンスが視野の狭く，広い包括的な観察の論理展開に慣れておらず，さらにコベット（William Cobbett 1762-1835）に至っては，自分の意見を証拠に基づいて構成するよりも，一種の直感によって自分の見解を形成しており，本来の論理的な内容の展開ができていないとして論難するところがあった。さらに，「イギリスの商業は，ボナパルトの法令よりも，イギリス政府の無差別な取締りのほうを，はるかに恐れなければならないということが，ことの真相なのである。……最近の封鎖勅令（orders of council）は，まるでボナパルトの布告に対して，彼が権力の絶頂期にあるときでも達成できなかったほどの，大きな効力を与えるようなものである。……もしもわれわれが，わが国の商業に対して行なわれるかもしれない，あらゆる外国に敵対的行為を無視して，普通の思慮分別を働かせさえしたら，世界は広大で，そこには，夥しい生産物と欲望があるし，わが国には制海権があり，わが国を排除しようとするあらゆる努力が無力であることに気づいて，わが国の商業が十分に安全であることを理解することができるであろう」と論駁している。

すなわち，イギリスが海上権を把握する以上，諸大陸での販売ルートを確保することは困難ではなく，なお封鎖内に於いてさえも，イギリスの商品が歓迎されることを指摘している。そのため，もし立法府が，商業に敵対するこれらの理論を受け入れ影響されるようなことになれば，わが国の状態はたやすく悪化し，貿易の女王（mistress of trade）としてのわが国の偉大さは，たちどころに終わりを告げることになってしまうと論じる。

このような商業に対する見解の相違は，富の源泉すなわち富とは何かと言

う意味での問題点である。ジェイムズ・ミルに拠れば，「1国の富は，その年々の生産力に在るのであって，……単にイギリス商人の倉庫の中にある商品と，個人の住宅の中にある設備に固定してしまって，わが国の勤労の奇蹟的な力によって年々つくり出される厖大な商品や設備にその注意を向けないような人は，イギリスの富について，なんと不十分な観念を抱いていることであろうか」として，富の概念を正統なスミス的な論旨を用いてW. スペンスたちを反駁すると同時に，商業の位置付けを確立している。

またさらに，諸外国との貿易に関して，W. スペンスは，「ある国が，外国市場で購買する物が何であろうと，その国は，それらと引き換えに，貨幣またはその他の商品で，十分な価値を与えると言うこと，だからその限りでは，確かにその国は，何等の利潤も獲得しないし，その国富を何等増加しない。……その国は，ある種の富を，他の種の富と取換えはしたが，その国が，それ以前に所有していた富の分量を，増加させたのではない」として，輸入は決して富を生産することができないとの論旨に対して，ジェイムズ・ミルは，次のように述べている。すなわち，W. スペンスが商品の販売とその製造との取違えだけではなく，「輸入商品の，あるイギリス国民から他のイギリス国民への移転が，一定量の商品の，イギリスとある外国との間の交換と取違えられている。国内での輸入商品の販売は，わが国を富裕にはしない。わが国を富裕にするのは，これらの商品を，それよりも価値の小さい一定量のイギリス商品で，外国から購買することなのである。」奢侈品の輸入反対論に対しても，必要品と奢侈品とを区別することは全く無駄なことであり，1国の社会状態が進歩することによって，生活必需品の生産部門は小となり，奢侈的欲望充足のために部門の拡大が求められていくのであるとして反論している。

さらに輸出貿易に関してW. スペンスの貿易観は，次のようである。「ある場合には，国富の増大が輸出貿易から引きだされることもある。ある国が，輸出する製造品と引き換えに，外国市場で獲得する価値は，それを製造するのに消費された食料の価値と，親方製造業者および輸出商人の利潤とに分解する。」そして，これらの国民的利潤は，輸出によって何ら国民の富を増加

させることにはならないとする。さらにイギリスの利益は，われわれの公収入ならびに私経費と比較してみると，われわれの商業から得られる価値がいかに小であるかが解るであろうとし，かかる利益の源泉である貿易は，国民の富の主要な源泉との資格をもたないとし，輸出貿易も輸入貿易同様に，その必要の大きさを認めていない。[13]

これに対して，ジェイムズ・ミルは，「国民の貧富の問題はその毎年生産する財貨量が，国民の数に比例して増大するや否やにかかっている。ところで，商業は，今やイギリスの土地と労働の双方を一層生産的に使用し配分させることによって，この年々の生産物を増大させる傾向がある。例えば，われわれは，わが国の土地で亜麻や大麻を栽培する代わりに，穀物を栽培する。その穀物でわれわれは，多数の金物製造業者たちを養う。そして，この金物の輸出の代償としてイギリスの土地の生産するよりも一層大なる亜麻を輸入する。これはちょうどわが国の土地の生産力の増大と正に一致する。換言すれば，この取引によって，少量の亜麻しか栽培できない土地に，われわれの金物で買うことのできる一切の一定の増加分を生産せしめたと同じ結果になる。この場合，われわれが想定した商業の作用による生産力の増加は，商人の利益によって算定しえるものと思われる[14]」として反駁する。

このようにして，ジェイムズ・ミルは，重商主義的思想および方法で展開したW.スペンスに対して，意識的に彼と同次元で同じ論理的・方法論的前提に立って，その誤謬を暴露し徹底的な批判を行なったのである。[15]

そしてまた，W.スペンスよれば，輸入はわが国の輸入貿易が富の一源泉となることを妨げる原因であった。そのため，貿易を捉える時に輸入と輸出との両面を考察することになる。すなわち，「もしもわれわれが，わが国の輸出貿易によって利益をうるためには，その代償として，商品も貨幣も受取ってはならない，というのであれば，われわれとしては，何らの反対給付を得ることなしにわが国の商品を輸出するというパラドックスに陥りはしないであろうか。……貨幣の真の観念は，商品の観念と全く同一であって，他の商品と同じように売買されるのである。外国と取引する際に，この点が一層明白になってくる。イギリス商品が外国に売られて貨幣で支払われる際に，

商人の関心があるのは外国鋳貨の呼称ではなくして，それが包含する金銀の分量である。彼が交換にあたって算定するのは，地金銀としての価値に過ぎない。……したがって，反対給付としての金銀の輸入はその他の金属の輸入と異なるところはない。……もしもわれわれの輸出するイギリス商品と引換えに，その他の商品を輸入することが，輸出の利益を絶滅させてしまうとすれば，同様に金銀の輸入もまた，同じ結果をもたらすことは，さらに証拠を付け加えるにつれて，明らかとなる。……金銀が，交換手段として用いられることの少ないイギリスにおいては，必要とされるその年々の供給は，それほど大きいはずがない。この必要以上のものを有効に使用しようとすれば，これを再度海外に輸出して必要な商品を購入することにある。」[16]

(注)
1) 原典の正式名は，*Commerce Defended, an answer to the arguments by which Mr. Spence, Mr. Cobbett and others, have attempted to prove that commerce is not source of national wealth*, second edition, 1808. である。本書では，Augustus M Kelley, 1965のReprint版を使用した。以下*Commerce Defended,* と略称する。岡　茂男訳『商業擁護論』未来社　1965年。
2) M. Blaug, *Ricardian Economics, A Historical Study,* New Haven Yale University Press, 1958. Chap, 4. 馬渡尚憲他訳『リカードゥ派の経済学』木鐸社　1981年　110頁参照。
3) 「ミルが1808年に発行された初刊の『商業擁護論』は，スペンスの『イギリスは商業に依存せず』に激しく反論した小冊子であり，ナポレオンのベルリン宣言（1806年11月21日），ミラノ宣言（1807年12月17日）とイギリスの封鎖勅令（1807年1月7日，11月11日）の大陸封鎖に対して自由貿易を主張したものであったが，同書に示された地主階級に対する厳しい批判と戦争反対論は，当時の彼の政治思想を検討するための重要な資料を含んでいる。」山下重一『イギリス思想叢書8　ジェイムズ・ミル』1997年　研究社　112頁。)
4) James Mill, *Commerce Defended,* p. 7. 邦訳　未来社　1965年　11頁。
5) *Ibid.,* pp. 4-5. 同訳　9頁。W. スペンスの小冊子の要旨は，「農業こそが富の唯一の源泉であるのであるから，わが国の外国貿易の解体は，ほとんど重要性のない問題だということを明らかにすることにおかれていた。」(L. Robbins, *op. cit.,* p. 55. 訳64頁。)

6) *Ibid.*, pp. 11-12. 同訳 16-17頁。
7) *Ibid.*, p. 3. 同訳 7頁。
8) *Ibid.*, pp. 51-52. 同訳 62頁。
9) スミスの富の源泉, 貿易の役割に関しての論理展開は, 拙稿「アダム・スミスの外国貿易論」『研究年報（日本大学短期大学部三島）』1994年59-72頁参照。
10) James Mill, *op. cit.*, p. 33. 邦訳41頁。
11) *Ibid.*, p. 35. 同訳 44頁。また J. ミルは, 次のような例を引き合いに出して反駁する。「例えば, 1トンの麻は, ロシアでは50ポンドの値打ちがあるが, イギリスでは65ポンドの値打ちがある。だから, われわれが, イギリスで50ポンドの値打ちのあるある一定量のイギリス商品を輸出して, その代わりに, 65ポンドの値打ちのある1トンの麻を輸入した場合には, わが国の富は, この交換によって, 15ポンドだけ増大することになる」(*ibid.*, p. 33. 同訳 42頁)として, 輸入の無益さを証明しようとするW. スペンスの誤謬を指摘したのである。
12) *Ibid.*, pp. 39-40. 同訳 48-49頁。
13) 北野大吉『英国自由貿易運動史』日本評論社 昭和17年 62頁参照。
14) James Mill, *op. cit.*, pp. 104-105. 邦訳122-123頁。
15) 岡 茂男「『商業擁護論』と古典派自由貿易学説の確立」『商業擁護論』未来社 1965年 同訳所収論文 264頁参照。
16) James Mill, *op. cit.*, pp. 43-44. 邦訳53-54頁。

# 第10章　J. S. ミルの国際分業論

## 1　はじめに

　J. S. ミル（Jhon Stuart Mill, 1806〜73）が没した1873年5月にウィーンの取引所の破綻から始まったパニックは，その後米国へ伝播し，さらにヨーロッパへと拡大して，その後の『大不況（Great Depression）』へと向わせることになった。この大不況期の特徴であった低物価の影響——特に第一次産品の物価下落——は，産業革命後急速に発達した近代技術進歩による鉄道，汽船などの輸送機関の新機軸が，より一層それに拍車をかけた。

　その上この時期は，『世界の工場』として世界に君臨していたイギリスが，その地位を喪失し，他国をその単なる従属的国家としてとどめておこうとする政策に対して，その他各国は，自国の経済的ナショナリズムを全面に押し出した。すなわち，保護貿易主義，帝国主義の抬頭といった状況を顕在化していった。こうした環境に直面した資本主義体制自体，そのひずみに対して世界経済，貿易を維持するために新の体系を組み立て，国際分業の再編成を模索することが必要となった。

　産業革命という大きなうねりが沿岸に押し寄せるその波音を耳にするかしないかの中で逝ったアダム・スミス（Adam Smith, 1723〜90）と同様に，J. S. ミルも1873年以降の大恐慌の様相を知らずして亡くなっている。[1]

　一つの時代的変容は，また理論上のそれへと反映したに相違ない。それは新しい理論構造の構築を意味する。すなわち，このような新しい社会体系の形成は，単に経済構造の中での変化のみでなく，社会全体の政治的な編成替えやそれに伴う新しい人間の生活様式の誕生なしには不可能であったであろう。またその萌芽も過去の遺産の上に立って築き上げられたことはいうまでもない。

（注）

1）1873年に始まったこの大不況の影響は，当然のように多くの変革をもたらすことになった。例えば，「1870年代が古典学派的経済像の崩壊してゆく過程であるのは，まさにこの10年間の資本主義がイギリスを中心とする自由主義段階からつぎの段階への移行を開始したことと照応するのだが，こうした移行が実現してゆくのは，1873年からはじまって，19世紀の末までつづく『大不況』のなかにおいてであるからである」（杉原四郎『素描経済学史』同文館　昭和55年　171頁）との考えは正にそうである。

## 2　J. S. ミルの経済基調

　J. S. ミルは，一般的に言われる古典学派の1人として加えられている。すなわちスミスが創設し，リカードウ（Daivid Ricard, 1772〜1823），マルサス（Robert Malthus, 1766〜1834）が進展せしめ，さらにJ. S. ミルがそれを継承し，集大成したとされている。

　ところで資本主義経済の発展は，その緒として封建社会の制度的桎梏を脱却することが前提であり，またその発展段階では正にスミス，リカードウの学説が当然のようにそれに相応したものであった。しかしその後18世紀末以来の産業革命は，産業資本を経済的にも政治的にもより大きな発展を遂げさせた。イギリスでは近代工業の創生期ともいうべき産業革命の時期には，対外的には保護貿易主義が捉れ，国内市場を庇護しながら外国の植民地に対しては自由貿易に近いものを強要した。このような貿易政策の堅持の下に近代的産業が発生し，目覚ましく発展したのである。

　しかしながら，漸次世界市場で貿易を独占しようとするイギリスの思惑は，原料品や食料品に対する関税と保護貿易主義とが，国内産業にとって増々大きな障害として感じられるようになり，頓挫する様相さえ生まれた。政治的には1832年国会改革法が成立し，その選挙法の改正は，産業資本層に権力掌握の実力を与え（有権者数が16万人から96万人余名と増加したといわれている），また経済的には，46年には20年頃からマンチェスターの綿業関係の資本が中心となって，穀物法（Corn Laws）に反対する運動が抬頭し拡大したが，そ[1]

れが保守派のピールの下で撤廃された。また航海条例（Navigation Acts）も緩和され，49年ラッセルによりその廃止が議会を通過し，のち54年に撤廃された。これらによりイギリスは封建時代の遺物を排除するとともに，自由貿易を実現するに到った。

換言すれば，イギリス資本主義の世界制覇確保のための政策は，圧倒的な国力を維持し比すべき競合国は存在せず，輸入関税の障壁も必要なくなり，世界の産業と貿易における独占的地位を占めた。このような目まぐるしい事態の変遷や変動に対して相容れることができなくなった古典学派の理論は，その基本思想を根底から再検討する必要性に迫られてきた。正にJ. S. ミルの経済の基調は，そこに存在したのである。

J. S. ミル理論の源泉には，少なくとも3つの流れが存在するといえるだろう。その1つは，哲学上の基礎と称されるベンサム（Jeremy Bentham, 1748~1832）の功利主義，サン・シモン（Saint-Simon, 1760~1825）流の社会主義や社会学者のA. コント（Auguste Comte, 1798~1857）などのである。2つ目は，経済学の上ではリカードウ（Daivid Ricard）であり，マルサス（Robert Malthus, 1766~1834）であった。さらに3つ目は，ジェイムズ・ミル（James Mill, 1773~1836），J. S. ミルの父親であった。父ジェイムズ・ミルは，リカードウの親友でもあり，また同時にベンタムの高弟であったことを考慮すれば当然のことではあったと思われる。またもし4つ目を挙げるとすれば，夫人テーラーの助言であったかもしれない。

彼の理論は，これらベンサム流哲学とリカードウ的経済学から出発したが，それは実利的なイギリスの資本主義社会に対する批判であった。伝統に対する懐疑的な思考，進んで新たなる思想および学説を摂取し，これを駆使し，もって事実の変容，歴史の推移に順応しようとしたことは，J. S. ミルの真価といえるのではないだろうか。

J. S. ミルの経済学の性格的特徴は，4分法（あるいは3分法）であると称されている。すなわち，経済現象の各分野（例えば生産，分配，交換，消費）を講じた所にあろう。また彼の『経済学原理』（"Principles of Political Economy"）が刊行された1848年は，マルクス，エンゲルスの『共産党宣言』が発

刊された年でもあった。本著書の副題である『社会哲学の適用について考察された経済学原理（with some of their Applications to Social Philosophy）』を付け加えると，経済学における社会哲学の導入ともいうべき役割を考慮していることは明確であり，またそれは社会学者コントの影響が，かなり浸透していることを意味すると思われる。[7]

またJ. S. ミルは，『経済学原理』の緒論において，「人類の一時代の普遍的信念——その当時においては何びともこれを免れず，また天才と勇気をもって異常な努力をなすことなくしては免れ得ざりし信念——が，次の時代にとってはまことに明白な不条理となり，そもそもそのような事柄がどうして信じられたのだろうかとかえってこれを想像する方が困難となることがある」[8]として，1つの言葉の観念がすでに確立し，実際上の目的を満たしている場合には，その定義の形而上学的精確さを目ざす必要もないが，時として有害なる観念の混同が起こり，政策的に全く異なった方向を与えてしまうことがある。J. S. ミルは，このような視点を包含していたのである。そのため，父ジェイムズ・ミルの『経済学綱要』（"*Elements of Political Economy*"）の所説を継承し，祖述しつつも経済諸現象を論述考察する新しい方法を模索し，一般的諒解を目指し上梓したと思われる。

先の4分法は，『経済学原理』では第1篇生産，第2篇分配，第3篇交換，第4篇生産および分配に及ぼす社会の進歩の影響，第5篇政府の影響についての5つから構成されている。これら彼の分析は，1つの方向性を示しており，これら順次それに従って言及しよう。彼は，まず生産と分配との理論的展開を経済学の対象としてどのように分析すべきかの方法論を次のように論述している。それによれば，「富の生産に関する法則や条件は，物理的真理の性格をもち，そこには人間の意のままに動かしうるものは何もないものである。およそ人間が生産する物は，いずれも外物の構性と人間自身の肉体的精神的な構造の内在的諸性質とによって定められた方法により，またそのような条件のもとに生産されなければならない。……ところが，富の分配の場合はそうではない。それはもっぱら人為的制度の上の問題である。ひとたび物が存在するようになったならば，人間は，個人的にも集団的にも，それを

思うままに処分することができる。また好むところの人に，また任意の条件で，その処分を任せることもできる。……人間が何らかの方法で物を処分するには，社会の承諾，というよりもむしろ社会の積極的実力を握っている人々の承諾を受けなければならない。……富の分配は，社会の法律と習慣とによって定まるわけである。富の分配を規定する規則は，その社会の支配層の意見と感情とのままに形成されるものである。それは時代を異にし，国を異にするに従って大いに異なり，また人間が欲するならば，なおこれ以上に異なったものとなりうるものである」としている。[9]

　富の生産とは，恣意的に成しうる事柄ではなく，物理的条件に必然性があるが，富の分配とは，ある特定の社会において富が分配される様式は，そこに行なわれている法規もしくは慣習に依存しているため，人為的制度に属する問題となる。[10] すなわち，分配を人為の法則として生産より分ち，従来の古典学派が不動の法則としたものに人為の介入の余地をつくり結局は労働者は組合で労賃を動かし，政府は経済に干渉でき，国際貿易でも需給説に立つ価値論から各国は自国に有利な政策をとりえるものとするなど，経済政策論の部門への道を開くことになった。[11]

　このように富の生産を支配する法則と富の分配を支配する法則とを全く異なったものとして峻別している。しかし彼のこの生産と分配の異なった扱いは，批判を招き易い箇所もある。なんとなれば，資本蓄積や支出は分配を前提としてのみであり，分配法則が人類の意志で自由に変更できるとしても，一定の生産関係が存在する以上，分配はそれに対応するに過ぎないからである。しかしまたいかにして社会の富の分配を改善すべきかという問題を提起した社会改良主義的な彼の意図は，尊重されてよいとも思われる。[12]

　また生産論における所説は，スミス以降の古典学派経済学の特徴である生産に関する理論である。すなわち，生産要因としての労働，資本，土地について言及し，生産増加の法則は，これらの3要素が増加する法則に依存すると思考する。アダム・スミスの富観，すなわち，人々に役立つ必要品や必需品の国民の年々の労働の生産物の増殖は，次の必須条件により成り立つとするものである。第1には労働の熟練，技巧及び判断によって，第2には，有

用な労働に従事する人々の数と,そういう労働に従事しない者とのその割合によってである。労働の生産性を改善し,それを高めることによって,国民の富の増加をもたらすことになる。J. S. ミルも正にこれと共通する論理の章立てや展開であり,そこにはリカードウ,マルサスの所説が加味されている[13]。

さらに J. S. ミルの『経済学原理』の論理展開は,経済学の重要な分析方法の1つである静態,動態の概念をコントの影響を受け継ぎ論述されている[14]。すなわち,第1篇から第3篇までが,静態論,第4篇は動態論である。彼は,第4篇の「生産および分配に及ぼす社会の進歩の影響」の冒頭において次のように述べている。すなわち,「これまでの3つの篇は,経済学の『静態論』と呼ばれてきたところのものに関する…ものである。私たちは,経済的諸事実をもって構成されている世界を調査して,それらの事実が互いにどのように原因結果として関係し合っているか,どのような事情が生産の量,労働のための雇用の量,資本および人口の量を決定するか,……個人と個人とのあいだ,あるいは国と国とのあいだにおいて諸商品はどのような条件のもとで,またどのような割合において交換されるか,ということを検討してきた。……しかしながらそれは,ただ静止的不変的な社会の経済的諸法則を……与えただけである。私たちは,なおそれ以上に,……いつも前進的変化をなしつつある,人類の経済的状態を考察しなければならない。……それに関する法則,またその究極の傾向がどういうものであるかを考察し,それによって私たちがすでにもっている均衡の理論に対してひとつの運動の理論を『静態論』に対して経済学の『動態論』を付加しなければならない」[15]としている。

また J. S. ミルの動態論によれば,産業的進歩,経済学的発展というものは,資本の増加,人口の増加および生産の改善に帰着することを意味する。すなわち,「例をあげれば,あるときは人口の増加から生じ,またあるときは比較的貧しい階級の人々がその消費を増すことができるようにするところの資本および賃銀の増加から生ずるところの,需要の増加に由来する,食糧の生産費の漸進的増大の傾向が,そうである」[16]と考えるのである。

換言すれば，人口が増加し，しかも労働者の生活状態には何の悪化も生じないのであるから，いうまでもなく食糧に対する需要が増加する。……この食糧を生産する費用は増大するはずで，この追加分の食糧の費用を償うために，農産物の価格は騰貴しなければならない。経費の増大は，一部分の食糧についてであるが，価格騰貴は他の生産された全食糧に及ぶわけである。そこでは特別利潤が増加し，これは競争によって地主に地代として譲渡される。これもまた生産物量とその費用からいってともに騰貴する。そのため，資本および人口の増加がそなわっているところの傾向が，利潤を犠牲として地代を増加させることは明白となる。ただ地代が利潤の全てを獲得するわけではない。一部は生産費の増加に，すなわち農産物を獲得するために雇用される労働者数の増加に吸い取られてしまうことになる[17]。

　さらに彼は，その社会の傾向として，「地主，資本家，労働者の3者から成る経済的進歩は，地主階級の漸進的富裕化の方向に向っている。そして労働者の生活資料の費用は大体において増大する傾きをもち，利潤は下落する傾きをもつ」[18]として，そしてさらに利潤率の低下傾向がやがて定常状態へと結びつくと考えているが[19]，産業革命が達成され，その後の資本主義経済社会では，工業の発展がその社会の運動法則を支配する社会構造となったものであり，リカードゥ的であるこのJ.S.ミルの考え方は，古典学派の人々の理論における悲観的立場を継承し表現し述べている。すなわち，経済発展が停滞的な状況という終点に行き着くことが，その運動法則であると考えている[20]。社会が動態的な発展過程に存在している場合にのみ，資本蓄積が行われ，それが人口増加を上回り，労働者階級の生活水準が引上げられるとするのである[21]。

　ただ資本の増大，人口の増加および生産的技術進歩という諸点は，その社会の『経済的進歩』に関する一般的理論である。「資本および人口の定常状態なるものが，必ずしも人間的進歩の定常状態を意味するものでないことは，ほとんど改めて言う必要がないであろう。定常状態においても，あらゆる種類の精神的文化や道徳的社会進歩のための余地がある」[22]ことは当然である。しかし，「一体，社会は，その産業的進歩によってどのような究極点に向か

っているのか。この進歩が停止した場合，それは人類をどのような状態に置かれる[23]」のかに関して『人間的進歩』や『道徳的進歩』ないし『社会的進歩』の観点から論ずる必要があると考える。

しかしながら，彼の著作の「実際的効果は，彼が進歩的な運動に同情を持っていたという印象に対して大いに反対の効果を生み出すこととなる。経済理論の領域における彼の妥協を求める努力は，政策の領域におけるほども成功を見なかったのである。それは論理的矛盾を伴っていたが，彼自身の時代ほど切迫した社会問題に直面していなかったので，強いてそれを暴露する気運にはなっていなかったのである[24]。」

J. S. ミルは，『経済学原理』第3篇に入って価値と価格に関する理論を展開する。「ここでは，彼はもはや全面的なリカードウ学徒ではない。すなわち，彼はイギリスの生産費理論とフランスの効用理論とを，つまりリカードウとJ. B. セーとを調和させようと試みたのである[25]。」彼はその価値論において，スミス流に価値とは使用価値と交換価値を意味するとし，さらに経済学上の使用では，『価値』は，交換価値を意味することになるとする。すなわち「使用価値，あるいはド・クウィンシー（De Quincey, 1785～1859）氏の言葉をかりれば目的論的価値なるものは，交換価値の極限である[26]。」

さらに『価値』と『価格』という言葉を区別して，「ある物の価格とは，貨幣をもって表現したそれの価値であると解し，ある物の価値あるいは交換価値とは，それの一般的購買力，その物の所有が与えるところの，購買することができる商品一般に対する支配力である[27]」と了解する。また「ある物がある交換価値をもつためには，2つの条件が必要である。それは，まず何らかの用途をもっていなければならぬ。すなわちそれはある何らかの目的に役立ち，何らかの欲望を満足させなければならぬ。何びとも，自分の欲望のどれにも役立たない物を手に入れるために，ある価格を支払おうとする人，あるいは自分のどの欲望かのために役立つものを手離そうとする人はないであろう。しかし，第2に，物はただ単にある効用をもっていなければならないばかりでなく，またそれを獲得するうえに多少とも困難が存在しなければならない[28]」のである。そしてこれらの商品を獲得する困難の種類によって，3

種類に分類する。それによれば第1は,「一定の狭い限界を越えてその数量を増加させることが物質的に不可能であるところの物」[29],すなわち古代の彫刻,往時の巨匠の手に成った名画,稀覯本,古銭,骨董品のようなその数量が絶対的に限定されている物などであり,再生産が不可能な財,自然的,歴史的および人為的独占財である。第2種は,商品の獲得に対する障害が,その商品を生産するのに必要な労働と費用とのみから成っているものを指すものであって,通常売買されている大多数の財はこれに属する。すなわち「それは,一定の労働と経費とを支出しなければ入手することができないが,しかし何びとが進んでこの労働と経費を負担するならば,この生産物を増加するのに何の制限もない」[30]ものであって,「綿織物や毛織物や麻織物は,もしも十分な労働者がおり,十分な機械があったならば,現在作られているものの幾千倍も生産することができる」[31]再生産可能財である。第3種は,前者2つの中間に位置する場合であり,「労働と支出とにより無制限に増加することはできるが,しかし一定不変の量の労働および支出によって増加することはできない商品(であり),一定の費用をもってしてはわずかに限られた数量を生産しうるのみであり,それ以上のものが必要な場合には,より大きな費用を払って生産しなければならぬ(財であり),農産物,一般に土地の粗生生産物が属している。」[32]

J. S. ミルは,これら3種類の財の価値がそれぞれに,第1種は,需要供給の法則によって支配され,第2種は,もう1つの法則である生産費の法則によって左右される。そして第3種は,同じ生産費の法則に支配されるが,最も不利な事情の下で生産された生産費の法則によって決定されるとしている[33]。すなわち,生産費の原理と需要供給の原理の関係がJ. S. ミルにおいて考慮されていく。特に『国際的価値』,すなわち相異なった国,あるいはもっと一般的に言えば遠隔地において生産される物の間の交易の条件を取り扱う場合には,「その国際交易の条件は,国際的需要の方程式に依存する」[34]となる。まさにマルサス的立場を踏襲することになる。

（注）

1）ヨーゼフ・クーリッシェル（Josef Kulischer）は、「すでにずっと以前から穀物法は評判が悪かった。しかし特に30年代末には穀物法への敵対的な雰囲気がはっきりと認められた。1837年にはげしい産業恐慌がおこった。マンチェスターやロンドンやリヴァプールで多くの工場が閉鎖され，何千人という労働者が失業して最悪の貧窮におちこんだ。多くの影響力ある人々は，この災厄の原因を穀物法に求めた」（Josef Kulischer, *Allgemeine Wirtshaftsgeschihte des Mittelalters und der Neuzeit,* München, 1928−29. *Die Neuzeit* S. 498. 松田智雄監修　諸田實他訳『ヨーロッパ近世経済史Ⅱ』東洋経済新報社　昭和58年　245頁）と述べている。

2）J. Kulischer, a. a. O., S. 246 ff. 邦訳　246頁以下参照。

3）「19世紀の40年代に，ピールが決定的な一歩を踏み出して，イギリスの関税率の根本的な改訂をなしとげたときに，自由貿易はそのすべての敵対者にたいして完全な勝利を収めた。イギリスの工業に必要な綿花，羊毛，亜麻，生糸のような原料にたいするほとんどすべての関税が廃止された。工業製品の輸入関税は著しく軽減された。1849年について航海条例の廃止の時がきた。それはすでに20年代以後，大部分骨抜きにされていたが，植民地との航海や貿易に関してなお効力をもっていたあらゆる制限がいまや廃止された」（a. a. O., S. 495. 邦訳　240−241頁。）

4）「リカードウ・マルサス的段階ではまだ顕在化しなかったところの，いわんやスミスの自然的自由の体系では予想もされなかったところの，資本主義体制の内在的矛盾が1830年代以降ようやく表面化し，古典学派の自由主義的楽観論が現実そのものによって挑戦をうけることになり，……古典学派経済学に対する不信の念が高まってきた。……まさにこうした疑念と全面的に対決し，その理論体系すべてをひっさげてこの疑念に答えようとした古典学派の経済学者であった。」（杉原四郎『素描経済学史』同文館　昭和55年　37頁。）

5）テーラー夫人の助言はJ. S. ミルの著書，特にその『ミル自伝』（*Autobiography*）に多く述べられている（p. 244. 邦訳213頁）点を考慮すれば，彼にいかに多くの示唆を与えたかが理解できよう。またF. A. ハイエクの著作にはJ. S. ミルとテーラー夫人との関係を取り扱ったものがある。F. A. Hayek, *John Stuart Mill and Harriet Taylor their Friendship and Subsequent Marriage,* M. kelley Publishers 1951. 特にchapter sixを参照。

6）J. B. セーの場合には，生産，分配，消費という3分割であり，父ジェイムズ・ミルの捉え方では，生産，分配，交換，消費という4分割の考え方であっ

た。J. S. ミルは後者を採用した。

7) 「実地の上の目的からすれば，経済学は社会哲学の多くの部門と密接にからみ合っている。」(*Principles of Political Economy with Some of their Applications to Social Philosophy*, In J. M. Robson (ed.), *Collected Works of John Stuart Mill,* II-III, Tronto, 1965 (II) p. Xci. 末永茂喜訳『経済学原理』五分冊　岩波文庫，1959-63年　第1分冊24頁。以下すべてJ. S. ミルの著作からの引用は，本書からのものである。また本論文を通じてこの著作集への参照は，巻数とページ数のみを記す。邦訳に関しても同様とする。)

8) *Ibid.,* (II) pp. 4-5. 同訳　(1)の34頁。

9) *Ibid.,* (II) pp. 199-200. 同訳　(2)の13-15頁。

10) *Ibid.,* (II) pp. 21. 同訳　(1)の61-62頁参照。

11) 「それは主として富の生産の諸法則と，その分配の方式との間に当然な区別を立てたことから生み出された。……この両者を同じ経済法則の名のもとに混同して，人間の努力によってくつがえしたり修正したりすることはできないものと考え，われわれの地上での存在にともなう不可変の諸条件に依存するものと，実は特定の社会機構の必然的結果にすぎずしたがってその機構がかわれば当然かわるようなものを，その双方に同じ必然性を認めようとする。一定の制度と習慣とが与えられれば，賃金や利潤や地代等は一定の原因によって決定されるのであるが，この派の経済学者たちは，そういう不可欠の前提条件を見おとし，これらの諸原因が，人間の力ではどうにもならぬ内在的な必然性によって，生産物の分配にあたっての労働者，資本家，地主，3者それぞれの取り分を決定するのだと論ずる。……経済法則は自然の必然性だけによってきまるのではなく，それと現存の社会機構との組み合せによってきまるのだから，当然それは一時的なもの，社会改良の進展によって大いに変化を受けるべきもの」(J. S. Mill, *op. cit.,* pp. 246-247. 邦訳 214頁) と捉えている。堀新一『古典学派の商業論』風間書房　昭和40年　315頁。

12) 「ミルが社会主義に対してとった態度は……あくまでも学問的な研究対象として取りあげたものであった。……それは，社会主義を資本主義と対比させながら，人類の進歩にとって最も有効な社会制度はどのようなものかという見地から，公平に検討しようとしたものである。」(四野宮三郎『J. S. ミル』日本経済新聞社　昭和52年　112頁。) 楢崎敏雄『経済の歴史』千倉書房　昭和28年　358頁参照。

13) 拙稿「アダム・スミスの外国貿易論」『日本大学研究年報』第六集　平成6年　65-66頁参照。

14)「『動態論』はいまでは経済諸関係における時間のおくれを明示的に考慮する分析を課題とする点で,すべての変数が同時点に関係する『静態論』と対照的である。……『静態論』は,現在,比較静態分析とよばれているもの,すなわち,外生的『ショック』によって攪乱され初期均衡状態を,その攪乱が作用しつくしたのちにつづく均衡状態と比較することにあたるようである。この点においてけっして首尾一貫しているわけではない。」(Mark Blaug, *Economic Theory in Retro-spect*, Cambridge University Press. 1985. p. 211. 杉原四郎 宮崎犀一訳『新版経済理論の歴史(全四巻)』(Ⅱ)の354頁。)またサミュエル・ホランダーは,「このような静学と動学の概念上の区別が示唆するのは,生産費に基づく長期の価格形成に関するそれまでの議論が,資本,人口,知識について人為的に想定された定常状態に対して妥当するということである。賃銀ならびに利潤率の均等性に関して,進歩をもたらす諸力の人為的な『麻痺』について言えることは,定常状態そのものにも当てはまる。」(Samuel Hollander, *Classical Economics,* Basil Blackwell. 1987. p. 228. 千賀重義 服部正治他訳『古典派経済学』多賀出版 1991年 248頁。)

15) J. S. Mill, *op. cit.,* (Ⅲ) p. 705. 邦訳 (4)9 − 10頁。

16) *Ibid.,* (Ⅲ) p. 719. 同訳 (4)37頁。

17) *Ibid.,* (Ⅲ) p. 723. 同訳 (4)44 − 45頁参照。

18) *Ibid.,* (Ⅲ) pp. 731 − 732. 同訳 (4)61頁。

19) "(the) stationary state"という言葉の訳として停止状態よりも定常状態とする。

20)「ある国がすでに長いあいだ大規模な生産をもち,また貯蓄をなすべき源泉として多大な純収入をもっている場合,したがって年々資本に対する大量の追加をなすべき努力がすでに長いあいだにわたって存在していた場合,このような国にとっては,その利潤率がいつも最低の利潤率といわば紙一重の間にあるということ,したがってその国はまさにかの停止(定常)状態に陥ろうとしているということが,その特徴の1つとなっているのである。」(*Ibid.,* (Ⅲ) p. 738. 邦訳 (4)73 − 74頁。)

21) 定常状態に関して,例えばサミュエル・ホランダーは,次のように述べている。すなわち,「定常状態を特徴づけるところの純蓄積がゼロである点から出発すると,『有効な蓄積欲』の増加は,技術の改善が起こる場合と同様に,新たな成長のための可能性を生むであろう。というのは定常状態とは,『生産技術のうえにある種の改良が行われるか,あるいは蓄積欲の強さが強まるかしないかぎり,もはやそれ以上に資本は増加することがない』状態のことだからで

ある。……完璧な定常状態——不変の技術，そして不変の賃銀率ならびに利潤率をともなう人口と資本——とは，実際にそれに到達することはなくただ接近しうるにすぎないものであった。」(Samuel Hollander, *op. cit.*, p. 239. 邦訳 297-299頁。)

22) J. S. Mill, *op. cit.*, (III) p. 756. 邦訳 (4)109頁。
23) *Ibid.*, (III) p. 757. 邦訳 (4)101頁。
24) Erich Roll, *A History of Economic Thought*, 1942 Prentice-Hall p. 369. 隅谷三喜男他訳『経済学説史』下巻 有斐閣 昭和26年 155頁。
25) Emile James, *History sommaire de la Pensee Economique*, Montchrestien, 1950. chapter VI 久保田明光他訳『経済思想史』岩波書店 昭和50年 244頁。
26) J. S. Mill, *op. cit.*, (III) p. 456. 邦訳 (3)20頁。J. S. ミルは，交換価値という言葉を"exchangeable value"ではだめで，"exchange value"の方の使用を勧める。
27) *Ibid.*, (III) p. 457. 同訳 (3)21頁。
28) *Ibid.*, (III) p. 462. 同訳 (3)30頁。
29) *Ibid.*, (III) p. 464. 同訳 (3)34頁。
30) *Ibid.*, (III) p. 464. 同訳 (3)35頁。
31) *Ibid.*, (III) p. 464. 同訳 (3)35頁。
32) *Ibid.*, (III) p. 464. 同訳 (3)35頁。またM・ブローグは，「(1)完全に非弾力的な供給あるいは『絶対的に制限された供給』，(2)完全に弾力的な供給あるいは『費用増加をともなうことなく無限に増加しうるもの』，(3)相対的に弾力的な供給あるいは，『無限に増加しうるとはいえ費用増加をともなわざるをえないもの』」(M. Blaug, *op. cit.*, p. 196. 邦訳 328頁)とを適切に分割し論じている。
33) *Ibid.*, (III) pp. 489-490. 同訳 (3)78-83頁参照。
34) *Ibid.*, (III) p. 596. 同訳 (3)280頁。

## 3 J. S. ミルの貿易論

　J. S. ミルにおいて，国際貿易に関する理論は，第17章，第18章に展開されている。前者では比較生産費の法則に関して，リカードウやこの問題の解明のために貢献した思想家たち以上にすぐれた論述を呈している。また後者

では2国間の貿易が成立されれば，2つの商品は，両国において同じ交換比率で相互に交換される。すなわち，国際交易条件は，国際的需要の方程式に依存することになると論じている。換言すれば，『国際的需要の方程式』が1国の輸出と他国の輸入の価値とが均等しなければならない条件を定める。したがって交易条件は，各国の『需要の量と伸張性』，あるいは現在では需要の水準と弾力性と呼ばれているものによって決定されるとする。外国の需要が大きくかつ弾力的であればある程，自国の交易条件がより有利になるとする。[1]

すなわち，D. リカードウによれば[2]，国際分配の必要性，また貿易当事国がどのような産業に特化し，でき上がった製品と交換に，何を輸入することになるのかという問題に関して，体系化された理論をうちたてたが，2国間の貿易上の交換比率——すなわち『交換条件』——は，どの間で決定され，そこから生ずる利益は，2国間にどのように分配されるのかの議論は言及されなかった。それは，国際価値論（国際均衡論）としてJ. S. ミルによって述べられ，さらにA. マーシャル（Alfred Marshall 1842-1924）によって相互需要曲線（reciprocal demand curves）として分析されていった。[3]

J. S. ミルに従えば，輸入品の価値については，リカードウの学説を継承して，その価値はその商品の生産国における生産費によって定められるのではなく，それと交換される輸出商品の生産費に依存するものと解した。しかもこの点を展開して，生産費は，輸入商品の価値の変動する限界を定めるにとどまり，最終的に国際価値を決定するものは，両商品に対する各国の需要供給関係であるとするものであった。

彼は，「同じ土地において生産される商品の，あるいは資本がその間を自由に移動しうるほど接近している土地において生産される商品の——簡単にするために，わたしたちは同じ国のなかで生産される商品の，ということにしよう——価値は，（一時的変動は別とすれば）それらのものの生産費に依存する。しかし遠隔の土地から，特に外国から，もって来られた商品の価値は，その商品が出てきた土地における生産費に依存しない。それでは，それは何に依存するか。ある土地におけるある物品の価値は，その土地におけるその

物品の獲得の費用に依存する。この獲得の費用なるものは，輸入品の場合には，その輸入品に対して支払いをなすために輸出される物品の生産費を意味するのである」[4]と述べている。

すなわち換言すれば，国際間においては国内と異なった価値法則が支配し，輸入品の価値は，その商品の生産国の生産費によって決定されるのではなく，その商品を獲得するために輸入国が支払う費用，すなわち輸入商品との交換として輸出される商品の国内における生産費によって決定される。両貿易当事国が相手国生産物に対してもっている相互需要に依存しており，したがって輸入品の価値は，『交易条件』（2商品の交換比率）によって決定されるとする相互需要説を主張し，次のような想定を設けて『相互需要均等の法則（国際価値の法則）"The Law of the Equation of Reciprocal Demand"』を説明する。

例えば，「2つの国の間に貿易が確立されると，2つの商品は両方の国において同じ交易比率で相互交換されるだろう。……1国から他国への商品の輸送が労働も要せず，費用も要せずして行なわれると仮定すれば，貿易が開かれるや否や，おのずから明らかなことであるが，相互をもって評価した2つの商品の価値は両国において同じ水準に帰するであろう」[5]ことになる。

今理解が容易になるために，イギリスおよびドイツという2国だけが存在するとするし，しかもこれらの2国は，ラシャおよびリンネルという2財を生産し，この2つの財貨についてだけ貿易するにすぎないと仮定する。そしてまたイギリスでは10ヤードのラシャが，15ヤードのリンネルと，ドイツでは10ヤードのラシャと20ヤードのリンネルと同一費用で生産されるとする。このような時には，イギリスが10ヤードのラシャをもってドイツから20ヤードのリンネルを購買するならば，イギリスは利得し，ドイツは利得しない。これに反して，イギリスが15ヤードのリンネルで10ヤードのラシャを買えば，ドイツは利得し，イギリスは利得しない。そこで両者が利得し，国際貿易が成立するためには，イギリスの10ヤードのラシャのかわりにドイツの与えるべきリンネルは，15〜20ヤードの間のどこかでなければならない。そのため，それがどこであるかを決定するものは，需要供給の法則である。それは，両

国においてそれぞれ需要される商品量が平衡する点であると論述する。[6]

　すなわち，例えばイギリスの需要するリンネルの分量が，ラシャ10ヤードのリンネル17ヤードの交換比率（ラシャ10対リンネル17）で，1,000ヤードであると仮定すれば，リンネル17ヤード×1,000は，ラシャ10ヤード×1,000となり，イギリスの必要とするリンネルの数量は，ドイツの必要とするラシャの数量と相互に需給が一致する。しかし，リンネル，ラシャの需給が事情の変化（例えば季節的な需要変化など）によって，イギリスにおけるリンネルの需要が減少し，リンネル17ヤードの800倍以上の消費を望まず，またドイツは，以前と同じようにラシャ10ヤードの1,000倍を需要するとすれば，以前の交易条件では，ドイツはラシャ10ヤードの800倍しか得られない。それ以上の200倍を入手しようとすれば，ドイツはラシャ10ヤードに対して，リンネル17ヤード以上を提供しなければならないだろう。もしそこでドイツは18ヤードのリンネルを提供するとすれば，イギリスはこの交換の割合では，もっと多くのリンネルを購入しようと考えるかも知れない。また他方では，ラシャの価格が高くなったために，ドイツのラシャに対する需要は減少することになるであろう。そのため，リンネル18ヤード×900は，ラシャ10ヤード×900となり，両国どちらにとっても満足し，両国の需給は一致し，イギリス，ドイツとのラシャとリンネルの2商品の交換比率，いわゆる交易条件（国際価値）は，10対18という点に帰着する。[7]

　いわゆるこの国際価値の理論は，本来的な意味では，(1)国際間での貿易における価値は，輸出と輸入に基づく相互的需要の比において決定されると同時に，(2)それは生産費とは独立であるという2つの命題を包含する。また，この原理に関する数例を用いての説明にはいくつかの条件を仮定しており，現実には消費者の嗜好とか環境によって2国がそれぞれ需給が一致する点を一律に見出すのは困難となってくるが，J. S. ミルをして国際価値に関する所説は，その後における貿易に関する理論に多くの貢献を含んでいたことも事実である。

(注)

1 ) M. Blaug, *op. cit.,* p. 204. 邦訳　340頁。
2 ) 拙稿「リカードウの貿易論について」『政経研究』日本大学法学部　第36巻第 2 号　平成11年参照。
3 )「国際間の価値法則を取扱う国際価値論と普通にいうところの比較生産費説とは，貿易理論上明らかに峻別しなければならぬということである。比較生産費説が貿易の成立と利益とを問題とするのに対し，国際価値論は，貿易によって生ずる利益が貿易当事国の間にいかなる原理に基づいて分属されるかを問題とするものである。……貿易によって生ずる利益の分配は国際交換の割合に依存するのであるから，貿易当事国が生産物を交換貿易するに当って，その交易の割合がいかなる原理によって決定されるかを問題とするものである」（油本豊吉『体系貿易と貿易政策〔増補〕』廣文社　1974年　90頁）と比較生産費説と国際価値論との相違を明確にすべきであるとしている点は，J. S. ミルの国際貿易論を展開する上で大いに重要な側面である。
4 ) J. S. Mill, *op. cit.,* (III) p. 595. 邦訳　(3)278頁。
5 ) *Ibid.,* (III) p. 596. 同訳　(3)280－281頁。
6 ) *Ibid.,* (III) pp. 596－597. 同訳　(3)280－282頁参照。
7 ) *Ibid.,* (III) pp. 596－600. 同訳　(3)280－286頁。

# 附章　保護貿易主義の理論的根拠
－イギリス重商主義的思想を中心として－

## 1　はじめに

　1970年に入って，特に新保護主義，あるいは新重商主義（New Mercantilism, ネオ・マーカンテイリズム）という言葉が生まれてきた。GATT創設直後の四半世紀，特に，1960年代は史上最も繁栄した時期であった。ヨーロッパ経済と日本経済は，50年代を通じて急速に成長し，またそれを維持することができた。急速な成長は，先進国が貿易を自由化できる環境を作り上げた。[1]
特に，1964年から67年ジュネーブにおいて行われた第6回のGATTの貿易交渉ラウンドであるケネデイ・ラウンドでの関税引き下げ交渉では，「一括引き下げ方式（Linear across-the-board method）」を導入し，約30,300と言う対象関税品目数の多さだけでなく，その関税率を空前の低水準のレベルにまで引き下げた。

　このことが可能であったのは，60年代において正に世界経済が，新たな自由な国際経済秩序への出発を企図していたからである。しかし1970年代に入って，この期待は，ものの見事に打ち砕かれてしまった。すなわちそれは，その時期が71年のニクソン・ショックを幕開けに始まり，73年，79年のオイル・ショックで幕を閉じたという理由があったからである。このような状況下では，米国をはじめ，日本，ヨーロッパ諸国は，戦前のような熾烈な対立抗争や排他的行為とまではいかないまでも，現実の完全な協調をもたらすことは困難な状況となった。国家利益優先政策を前面に押し出してくるようになった。先進国間において重商主義的思想に基づく新保護貿易主義的行動が到来した。これら経済ナショナリズムは，その後貿易摩擦を表面化させていくことになった。

　もちろん，新保護主義は，そのまま古い形での再生ではなく構造と形態の

相違と言う意味で解釈する必要がある。換言すれば、それは、経済における政府の新しい役割に対する新しい姿勢を反映していることである。しかしながら、保護主義の本質は、歴史貫通的な側面が存在することも事実である。

ナショナリズムとグローバリズムの二律背反的な潮流は、現代世界経済ではWTOと地域主義、自由貿易協定の問題、保護貿易主義を超えた相互主義、管理貿易の抬頭など課題としては重要な問題を引き起こしている。そのため、これらの問題を解決することが新しい世界経済の適正なフレーム・ワークを構築することに繋がるものと考えられる。したがって、古典派以前の15世紀中葉〜18世紀中葉の重商主義時代においてその同時代人がその思想の弊害と誤謬とを指摘し、正統なる経済思想を導き出した遺産としての理論的支柱を再構築することが重要になってくる。特に国際貿易をめぐる複雑多岐にわたる諸現象を理解する上では、最も基本的で、単純明快な概念であり、これについての理解なしには現代の国際経済、国際貿易を分析するとはできないであろうと思われる。[3]

（注）
1 ) Cf., Anne O Krueger, *American Trade Policy A Tragedy in the making, 1995,* 星野岳穂他訳『アメリカ通商政策と自由貿易体制』 東洋経済新報社　1996年　39頁参照。
2 ) Cf., Kraus Melvyn B, *The New Protectionism The Welfare State and International Trade, 1978, pp. xv−xvi* 石瀬　隆他訳『新保護主義の本質　福祉国家と国際貿易』文真堂　1988年　序論参照。
3 ) 拙著『現代国際経済システムの原点と構図－重商主義の現代的意義－』時潮社　平成13年　209頁。

## 2　重商主義的保護貿易政策論

アダム・スミスによって保護主義的貿易政策論として槍玉に挙げられたのは重商主的理論であった。ほぼ15世紀から18世紀にわたってヨーロッパにおいて一般的であった保護主義的政策の時代を重商主義時代といい、産業革命

以前の原始的蓄積期として捉えられる事もできよう。しかしながら，約300年間近くの時代を一纏めで括るには非常な無理があり，同じ保護主義的思想ではあるがかなり変容してきていることもあり，アダム・スミスの対象のイギリス重商主義を考慮すれば，少なくとも清教徒革命，名誉革命などの市民革命（ブルジョワ革命）以前以後と区分して，前期重商主義と後期重商主義とに分け，さらにこれらの思考を政治的側面からみて，前者を絶対主義的重商主義，後者を議会主義的重商主義と名称し，さらに経済的側面からみて，それをそれぞれに前者を重金主義（ブリオニズム）と貿易差額主義（バランス・オブ・トゥレイド）とし，後者を産業資本主義と区分することができる。

　特に保護主義的貿易政策論の面からすれば，前期的重商主義における政策論的思考方法がよりその本質を顕在化しているように思われる。その理由は，商業資本を国富の源泉として考えていた点，すなわち流通過程により富を蓄積する方法を理論の基調においていたからである。また重商主義の思考は，全般的に言って富は貨幣であり，貨幣＝貴金属（金貨，銀貨など）であるとの考え方であった。この考え方は，実物社会から急速に貨幣経済社会に移行して最も流動性が高い貨幣の便益性を認識した故の出来事であった。そのため，いかに多くの貨幣を獲得するかが，富の多寡につながることになった。保護貿易政策は，このような考え方がその基礎となっていた。[1]

a）重金主義（ブリオニズム）の理論
　実物経済社会が貨幣経済社会に急速に移行して，富に関する人々の認識が変化するようになってきた。特に重商主義期において経済に携わるすべての人々の関心事は，国富の減少を阻止し，またそれを増大させるためにはどのような方策を処方したらいいのかにあった。ジェラル・ド・マリーンズ（Gerard de Malynes）は，当時のその重要な課題であった国富の維持，増大に関して保護貿易政策を実施することによって，それを達成しようとしたのである。彼のテーマは，「販売する以上には購買するな」という立場で，貿易のバランス・オブ・トゥレイドにおいて，いかにしたら多くの富を獲得できるかを論じている。すなわち，マリーンズによれば，「（国家は一大家族以外

の何者でも無い)。しかも君主は(その家長である)。彼の王国と他国との貿易や通商において，ある種の平等を維持して，国内商品に対して外国商品が，オーバー・バランシングしないように，すなわち，販売する以上に購入しないようにしなければならない。何故なら，それによって君主の財宝と王国の富とは減少し，いわば彼の支出は比較的大きくなり，所得あるいは収入を超過するようになるからである。このことは，国家政治体の不明な病気であって，その適切な原因は，何らかの療法が用いられ，工夫される前に見出さなければならないものである」[2]としている。

すなわち，オーバー・バランシングとは，不利な交易条件に基づく不利な貿易差額を意味すると言うことを考慮して，ここでのオーバー・バランシングにならないように，「販売する以上には購入するな」という考え方，すなわち貿易均衡(輸出>輸入)を保持するには輸入と輸出は，相互の状態を判断してから均衡するように決定すべきであるという政策をマリーンズは提唱する。さらに言えば，「この王国の富は，まさに3つの方法以外には減少するものではない。すなわち，国外へ現金や地金(銀)を流出することによって，国内商品を余りにも廉価で販売することによって，また外国商品を余りに高価に買入れることによってである。そして主として，この点にオーバー・バランシングが存在するのであり，それが不均衡(Inequality)の原因である。結果として，われわれは交換において，貨幣と商品の両方を外国商品を手に入れるために，与えることになるのである」[3]とする。

こうして，国外へ地金(銀)や貨幣が流出することによって，ますます国富が減少するのは，国際取引上の交易条件の悪化に基づく国際収支の不利が原因であると指摘する。マンやミッセルデンのように，貿易差額論を表面に押し出すわけで無く，常に貿易均衡をマリーンズは心に留めているのである。すなわち，ミッセルデンがバランス・オブ・トゥレイドにその経済理論の全支柱を置くのに対して，マリーンズは，このバランスの中心点において利得(Gain)を置いている。[4]

換言すれば，王国を富ます唯一の手段が貿易であるとするならば，その貿易がどのように行われればいいのか。マリーンズは，その場合，その発生，

附章　保護貿易主義の理論的根拠　205

発展およびその過程，そしてその結果を把握してそれを考察すれば，次のように論ずることができるとする。すなわち，「わが国と他の国とすべての取引や貿易は，最も基本的な3つの単一体のもとで成し遂げられることを認知しよう。すなわち，それは商品，貨幣そして外国との手形による貨幣の交換である。これらは，正に貿易上では人体となり，心および精神に相当するものである。人体に相当する商品は，商品（相互の）交換によって，貨幣が工夫され鋳造されるまで世界を支えてきた。人体における心としての貨幣は，平等および均衡の手段によって，売り手と買い手間における利益を阻止して，取引に生命を注ぎ込んだ。精神および心の機能（どの場所でも存在するものであるが）としての為替は，商品や貨幣の価値を（正比例によって）支配しコントロールして，取引の活力を強化するものである。そうして，貨幣が，国内にあるすべての商品およびその他のものに価格をつける規則や基準になるため，正に純粋な貴金属を鋳造するために使用されたのであり，それ故公的尺度と呼ばれており，したがって手形による貨幣の交換は，わが国と外国との間での公的尺度となる。そのことに従えば，すべての商品は，取引過程において売買されるのである」と述べている。[5]

　マリーンズは，このようにして取引が行われれば必ず多くの貨幣，すなわち富が蓄積されることになると考えたのである。保護貿易政策論が展開されるといっても，彼によれば，それは正義と公正とに則っていることなのである。その他の経済学者たちのなかでも多分にスコラ学派の影響を受けたマリーンズは，一層その理論を継承することになった。すなわち，彼は，人間関係を支配するものが，正義あるいは公正であり，そのため交換と言う現象もこれに即して行為されねばならないとするスコラ学派理論を受け継いでおり，正義を配分的正義（Distributive Justice）と交換的正義（Commutative Justice）とを区別する。前者はよき秩序に維持された国家成員の調和に関するものであり，後者は貿易を包含するものであり，それは平等や公正という手段によって王国や国家を富ませる唯一の平穏な手段であるとし，スコラ哲学のように，マリーンズは経済関係を，富，所得および信用の配分によって規定される分配的正義によって支配されねばならず，また交換あるいは契約を取り扱

った交換あるいは契約的正義によって支配されるべきであるとの結論を導くのである。[6]

　マリーンズの場合は，貿易の必然性をスコラ学徒の聖トマス（それ以前のアリストテレス）の職分経済論をそのまま用いて，「神は自然をして，その恵みを数カ国に配分して，1国における若干の物の不足を豊作と蓄えで補い，その結果，交換することによって，1国が他国と共存できるようにした。それ故，取引と貿易が十分に維持され保護されることになる[7]」と述べている。

　要約すれば，マリーンズ理論の重金主義（取引差額主義）の本質は，国外への貨幣の流出が富の減少であると捉え，できるだけ輸出を奨励して，輸入を減らし国内に貨幣を留まらせ，国外に流出することをおさえた保護貿易政策であり，個々の取引で貨幣が流出する取引は禁止で，流入する取引は良しとするもので富の流出を防止する政策であった。富＝貨幣との考えから，1国内に貨幣（金，銀）をできるだけ多くを保持し，それを海外より流入させるために，直接的に貨幣の流出入を監視し，個々の取引において貨幣の流出を多く持ち出すような取引を禁止し，また外国商人たちへの輸入商品の支払いも，貨幣での支払いを禁止し，その代金を再度イギリスの国内品の購買に当てさせ，商品で運搬させるような保護貿易政策である「使用条例」政策を打ち出した。[8]

b) トーマス・マンの保護貿易論

　トーマス・マン（Thomas Mun）の理論は，その後約1世紀に亘り重商主義のバイブルとして大きな地位を占めるものであった。彼は，富＝貨幣であるとの考えを持っていたが，問題の重心を貨幣のバランスから貿易のバランスに移行していった。すなわち，貨幣そのものの収支ではなく，輸出超過額を最大限にするように貿易バランス収支に重点が置かれた。マンの場合にはこの点が彼の理論の根底にあり，それが核となっていた。当時のイギリス経済社会の経済法則を視点として，バランス・オブ・トゥレイド論に，すなわち外国貿易，もっといえば輸入と輸出との差額からの利益にそれを求めたのである。「貨幣は，貿易を生み，貿易は貨幣を増加する[9]」のであり，1王国

附章　保護貿易主義の理論的根拠　207

を富裕にならしめ，わが国の財宝を増大する手段は，外国貿易によることになる。

　彼は，外国貿易上の順貿易差額を獲得することが財宝増大の唯一の手段であり，原則であるとしながら，次のように論述している。「すなわち，われわれが消費する外国商品より大なる金額の商品を年々わが国から送り出すときには，われわれは富裕になるが，外国人へ販売する自国商品以外に大量の外国商品を費消するときには貧困になる。なぜなら，前者の場合にはわれわれの手に帰する貨幣をもたらし，後者の場合には，すでに獲得した貨幣をふたたび運び去るからである。1国内にあって，貨幣が潤沢であれば一切の物品の価格は高価になり，不足すれば，廉価になると言うことは，確実に言えるのである。しかし，貨幣の外見上の潤沢さと，それのみが実質的にして事業を遂行する力のある潤沢さとを区別することが必要である。すなわち，1国内に貨幣を（暫時）潤沢に獲得するのであれば，いろいろな方法や手段があるわけであり，それらは，それによって王国を富裕にならしめないのみか，そのような変化に常に伴なう種々の支障のために，かえって貧困にするものがあるからである」[10]。

　すなわち，「わが国の貿易の差額によってわが国にもたらされる財宝こそが，われわれのもとに留まり，またそれによってわれわれが富裕になれる唯一の貨幣であるという」ことになり，そのため，「もしわが国の外国貿易が，国内における無関心や海外での妨害のために停滞したり衰退したりする場合には，それによって商人は貧困になり，またそれによって王国の商品輸出が減少することにもなる」[11]のである。

　T. マンは，この外国貿易による差額を他の者の見解と区別して，特に重金主義の保護政策論との相違を明確にすべく次のように述べている。それによると，「わが国の貿易差額には，全般的な（General）それと個別的な（Particular）それとがあることを理解しなければならない。全般的貿易差額とは，わが国の年々の貿易すべて一括して算定される場合である。また個別的貿易差額とは，イタリア，フランス，トルコ，スペインやその他の国々へのわが国の貿易が個々別々に考察される場合である」[12]として，2国相互間の差額と

1国の他国全体に対する総差額とを区別し論じている。

　加えて，王国の利益と商人の儲けを区別し，すなわち1王国の総貿易差額と個々の商人1人1人の個別的貿易差額の区別に言及し，1王国の総貿易差額が順であればそれでいいのであって，それぞれ個々の商人の儲けは，国内では単にある者から他の者に移転したにすぎないのであり，それは富を増加したとは言えないことになる。1王国全体が順となっていれば，富の増加があったことになる。

　換言すれば，それぞれ各取引の貿易差額によって1国の貨幣，すなわち富の増大を企図した重金主義は，貿易が世界的規模にまで拡大するにつれて，16世紀後半においては完全に崩壊し，これに代わって総輸出と総輸入の超過額，すなわち貿易差額を大きくすることによって，1国の富（＝貨幣）の増加を企図する貿易差額主義（Ballance of trade theory）が抬頭し，この点において輸入を制限し，輸出を奨励すると言う保護貿易政策論が展開されたのである。

　さらに言えば，重金主義が支配していた時期には外国との一切の取引は，厳格に統制され，その場合には商人たちは現金で支払いを受け，貨幣を持ち帰り，また最必需品のみを外国から輸入するようにと，一切の支払い，受け取りは「キングス・エクスチェンジャー」の手によって行なわれていた。しかし商業が発展していく過程で，商人は金銀の輸出入の直接統制に不満と不便を感ずるに至った。マンは，ある国との貿易が，負の収支を示すような場合にも必ずしもその貿易を抑圧すべきではないことを論証し，貿易における全収支が重要なのであり，すべての個々の取引を監視し禁止することは無意味であることを証明した。[13]

　彼は，外国商品を購入するために金貨，銀貨を流出することが，必ずしも国内の財宝を減少せしめるとは限らず，むしろそれと反対にそれらを増加させる場合があるとする。すなわち，それは，最初は一層多くの外国商品の輸入を可能にし，もってわが国の貿易を拡張する。そして，それを再輸出すればそのうちにわが国の財宝を少なからず増加することになると考えたのである。

要約すれば，それは，個々の取引ではなくイギリス全体の貿易が，貨幣流入＞流出と言う公式になっていれば，イギリスの富は増加すると言う考え方である。そしてさらにそれを一層増殖させるためには，輸入以上に輸出を奨励させることが必要であるが，そのためには，必要な原材料を輸入し，国内でより多くの付加価値をつけた製品に組換え，それらを再輸出すれば，輸入した時点で流出した貨幣よりもより多くの貨幣（富）が流入し，国富が今までよりも増加することになるとの考え方であった。

　貿易差額主義が１国貨幣の増大のために強行した輸入制限と輸出奨励とは，１国の産業を発達させ，特に製造品輸出が原始的産業輸出よりヨリ多くの貨幣をもたらすために，製造業を発達させる政策を企図したが，このような産業保護政策は，貿易差額主義にとっては１国貨幣を増大させるための手段であり，１国の貨幣を増大させる限りにおいて意味があったに過ぎない。さらにその上に，貿易差額主義は商業資本の特権的独占をその歴史的基礎とするのであり，正にそれは産業資本の台頭と発展に矛盾するものとなる。マンは，生産の側面を一応は強調している。すなわち，「工芸は自然的富より有利」だとする。しかも彼が具体的に考えていたのは，商会の輸入する生糸を原料とする新興の絹織物であった。「毛織物業などはなるほど王国最大の富であり，最善の職業である。とはいえ，全毛織物の製造にたよるよりは，もっと耕作や漁業を行うほうが一層豊富，安全，利益をうける所以である」[14]として，毛織物業に対する同情心を持たない。従って，毛織物業の貨幣資本の対する熾烈な需要を彼は認めようとしないし，貨幣が国内において資本，すなわち産業資本として機能しなければならなかったことを理解しようとはしない。かくて，自国産毛織物の輸出ではなく，東インド産商品の再輸出がマンの「貿易差額」の支柱を成していた。貿易差額論は今や荘厳の国民的衣装と鋭利な理論的武器を具えているが，実のとこ，それはやはり東インド貿易のより巧みな弁護に他ならなかったのである[15]。

　事実マンは，再輸出と中継貿易が王国の富を増加させる点を次のように論じている。それによれば，「わが輸出が現金をともに投ずる貿易方法によって，大いに拡張されるとした場合，その超過差額ないしその残余部分は，す

べて貨幣としてか，または再輸出せざるをえないような商品としてかのいずれかによって戻ってくるほかない。この再輸出は，わが国の財宝を増加するためには一層優れた方法なのである。」[16]また，「国内に持ち込まれ，その後再び外国へ運び出される商品は，わが国家社会を損なうどころか，わが国王陛下の関税収入と貿易とを増進し，あわせてその臣民にまた別の仕事を与えることによって，国家社会の大いに利することになり」[17]，中継貿易のために持ち込まれる外国商品は，わが国家社会に損害を与えるどころか，反対に多くの利益を獲得させることになる。

 すなわち，国富の増加を達成するために，マンはそれを外国貿易による順貿易収支を第一義的に考えており，国内における各産業の興隆は，生産物の増加につながり結果的にはそれは，富の増加につながると公式上では見ているのであるが，この生産物という富の余剰も輸出されて，財貨と財宝を手に入れるためのものである。

 しかしながら，重商主義の理論的核心に置かれている貿易差額説は，それがマニュファクチュア資本の要求であった保護制度（保護主義）と結合していた限り，すでにそれ自体「財宝」＝富の概念からは脱却していたのであった。すなわち，貿易差額のプラスは，第1に保護政策の達成を目安として，第2に原始蓄積の進展に伴なう流通手段（有効需要）の増加の必要を満たすものとして，つまりいずれの場合も究極には内外の市場の防衛と拡大とを通じて産業資本の蓄積を進めるために，求められたものである。[18]

c）J. ジーの保護貿易政策論

 17世紀の末のイギリスには，鋭き見解と広き観察力を有し，卓越した理論を展開し，当時のパンフレト著作者の中には，顕著な地位を占めるものと長い間理解されていた一群の人たちがいた。いわゆる当時有力であった貿易差額の概念を攻撃し，主観的価値論者として，古典派以前の，また古典派の経済学者の誰よりも，より近代的限界価値論者に接近しているとし，その地位を形成するに至った「トーリー・フリー・トゥレイダー（Tory Free Trader）」と呼ばれる者たちがいた。この理論は，貿易についての彼らの見解とその

政治的動向とに結びつきによって主張されており，この意味において，貴族階級の，特権的貿易会社を代弁するトーリー党の自由貿易理論であった。しかしながら，この時期においてもまだ典型的な重商主義の理論的側面，保護貿易論を展開した J. ジーがいた。

彼は，「ブリテイッシュ・マーチャント（The British Merchant）」紙の投稿者として，保護貿易政策論を展開した。政治的側面では，それは，ホイッグ党に近い考え方であった。全く同時期に貿易に関して正反対の思考が提唱された理由は，当時のイギリスの経済，すなわち貿易や工業をどう捉えたかという点に帰着する。すなわち，トーリー・フリー・トゥレイダーは，王国の貿易や工業が繁栄していると捉え，他方ジーは，それが衰退しており，場合によっては貿易などは潰滅的であるとして考えた所以にあった。ジーの理論は，イギリス重商主義のいわば正統とも言うべき，経済情勢に対する悲観論＝保護主義であり，逆にデフォーなどのトーリー・フリー・トゥレイダーの楽観論＝貿易開放論は，この正統からすれば異端的な存在であったかもしれないのである[19]。

J. ジーの学説は，確かに他の重商主義者同様の考え方であり，貨幣（金，銀貨等）が，国富の主要な源泉であり，それを獲得する方法を考え，そのためにイギリスの現状を直視することから，彼の保護政策論が展開されている。その学説の本質は，イギリス経済の現状を憂いながら，これをいかにしたら救済でき，回復させえるかを考える所にあったのである。彼は，『英国の貿易と海運についての考察』の最終ページで，それを次のように言及している。それによれば，「イギリスを憂うべき原因が存在するのであるので，そのためその原因を必ず検討されなければならないのである。もし負傷しているならば，救済策を提案し，その方策を適正に用いるとするならば，わが国の商業を繁栄させ，わが国に幸福を齎すことになるであろうため，なお一層その原因を検討することが必要となる」[20]とするのである。

J. ジーは，『英国の貿易と海運についての考察』の副題において富裕になる方法を次のように述べている。それによれば，「その諸方策は，その輸入を禁止すること。本国の製品輸入を拒否するようなわが隣国から現在輸入し

ている製品に対して，その製造品にわが貧者をすべて雇用することが可能になるように，原材料をイングランドとその植民地で生産すること。相互に取引している各国との間における製品の額を計算し，取引上の貿易バランスを監視すること[21]」などであるとして列挙している。すなわち，ジーの目的は，ここで表示されているように，(1)保護貿易政策，(2)国内産業の奨励，(3)国内で生産すること，(4)貿易上における輸出，輸入のバランスを正しく計算し，判断することなどを考え，バランス・オブ・トゥレイド状態をイングランドに有力に展開させることであった。

その貿易理論では，貿易は国富と国力との唯一の源泉であるとして，「1国の貿易は，大いなる結果をもたらすものであり，真剣に考えられるべき事柄である。というのは，非常に多くの何百万人もの人々の幸福や不幸が，それに左右されるからである。それを実施するうえでの最初の段階での僅かな誤りが，非常に大きな誤りにまで膨れ上がってくるかもしれない。1国は，貿易や商業によって巨大な富を獲得するかもしれないし，あるいは十分な配慮や注意が欠けていたために，その富を失うかもしれない。私はこの点についてより強調したいと思っている。何故ならば，それは，わが国の現状が国内に持ち込むよりも多くの富を国外に運び出しているのではないかと懸念しているからである[22]」としている。

このように J. ジーは，貿易を重要視し，それによる国力の強化や国富の増加を考えるのであるが，「貿易というものは，それが冷遇され，無関心であるような所では長く留まるものではない。最高の気持ちを持ってそれを受け入れ，またそれに十分な奨励を与える政府が，その貿易を手に入れるのである[23]」としている。事実，過去においてエリザベス女王，ルイ十四世下では，貿易を奨励し繁栄させたことがあったが，今のイギリスの貿易状態は，衰退しており，現状では国内にもたらされる富よりも，より多くのものが国外に流出している。特にリンネル，大麻，亜麻，銑鉄，硝酸，材木などの財貨が輸入されており，またイギリスからかなり多量の財貨が国外に毎年運び出されているのである。

しかし，ヨーロッパの海運国や国家は，その正しい規制，製造業の改善，

船舶の増大，海運の拡大に比例して，国力と国富を増加させてきたことは確かなことであり，今貿易バランスにおいて順貿易差額を獲得し，1国の富を増加させるために，植民地との貿易関係をさらに一層強化することを強調する。「莫大な富が植民地に定住した人々の労働と勤勉によって，わが国にもたらされるように，植民地で生糸，大麻，亜麻，銑鉄などを生産することによって，巨額の利潤が追加されるであろう」[24]ことは確かである。植民地は，本国における製造業の原材料の供給地であると同時に，本国から製品を輸出する仕向地としての機能を持っており，その役割は非常に大きなものであると言うことが一般的な思考である。換言すれば，彼は，イギリスの貧民，浮浪者，犯罪者に雇用の機会を与えるための，また促進するための製造業の役割の大きさを強調する。「イギリスの製造業者は，すべての貧民に雇用機会を与え，貧民を雇用することによって，食料品が上昇し，建物や住民などは増加し，地主の地代は十分に支払われることになるであろう」[25]ことになる。

すなわち，J. ジーは，T. マン的な視点でイギリスが植民地から購買するほとんどの財貨は，イギリス本国での消費に当てられるか，さらにまたそれに付加価値を付けての再輸出品として輸出するかであり，イギリス国内の多くの労働者にとっては，生活を安定させると同時に，彼らにより多くの雇用機会を提供してくれることになるとの考え方を展開する。

すなわち，貿易における順バランスをもたらし，多くの富（金，銀）の流出が阻止され，裕福になることと同時に，植民地の原料供給，それを自国内で加工し，製品を提供すると言う関係は，植民地貿易を一層活発化させることになる。例えば，植民地から銑鉄，棒鉄の輸入を進め，ピッチ，タール等をそこにおいて生産することなどによって，それの供給を受け入れれば，全てにわたってイギリスにおいて，非常に有利な状況を創出することになる。これは，正に「植民地の銀鉱山から掘り出された銀が，イギリス本国に流入してくること」[26]と全く同じことになる。さらに，「海運は，奨励されていき，もしこのような商業流通が，適正で勤勉に実施されるならば，イギリス王国の全ての分野にわたって，富を増加させることになるだろう」[27]と述べている。

ジーは，規制された貿易こそが1国の富を増加する大きな手段であるとす

る。彼によれば，まず1国が富裕になる方法は，国内で生産されるような外国商品を輸入しないようにすること。わが隣国から現在輸入している製造品の生産に貧者を雇用することができるように原料を自国と植民地内で産出すること。お互いに取引している諸国内において，輸入している商品の計算をし，そのバランスについて考察することなどを挙げている。

すなわち，彼は貿易の規制を主張することによってのバランス・オブ・トゥレイド論を展開するのである。「わが貿易とわが植民地の分別ある規制によって，また若干は政府の保護やその庇護の下において，この国に生ずる利益」を配慮することが大切になるのであり，またこれは，「しばしば貿易上の多くの問題を論じなければならない場合，特に植民地貿易を拡大すること，そしてわが国がそこから引きだされることになる大きな利益について述べなければならない[28]」とする。このことは，国内にもたらされる富よりも，より多くのものが海外に流出されている現状を是正することが必要になるとのことを意味し，そこで貿易のバランスを順バランスにして，イギリスの富を増加させる方法を提案するのである。当然のように，このバランス・オブ・トゥレイドにより，国富の増加や減少を知ることができるとして思考するのである。

(注)
1) 拙著『現代国際経済システムの原点と構図－重商主義の現代的意義－』時潮社　平成13年　1－6頁参照。
2) Gerard de Malynes, A *Treatise of the Canker of Englands Common Wealth, Divided into Three parts: Wherein the Author Imitating the rule of good Phisitions, First, declareth the disease. Secondarily, sheweth the efficient cause thereof, Lastly, a remedy for the same.* London, 1601. pp. 2-3. ここでは，1977年版の *The English Experience*, Number 880 (W. J. Johnson Inc.,) を使用した。
3) *Ibid.*, pp. 3-4.
4) 拙著　前掲書　17頁。
5) Gerard de Malynes, *The Maintenance of Free Trade, According to the Three Essentiall Parts of Traffique; Namely, Commodities, Moneys and*

*Exchange of Moneys, by Bills of Exchanges for other countries. Or, An answer to a Treatise of Free Trade, or the meanes to make Trade flourish, lately published.* London. 1622. pp. i－ii. ここでは，*A. M. Kelley* のリプリント版をもちいた。以下 "*Maintenance*" と略称する。

6 ) Gerard de Malynes, *Consuentudo, vel Lex Mercatoria, or the Antient Law－Merchant Divided into three parts : According to the Essentiall parts of Trafficke. Necessarie for all Statesman, Judges, Magistrates, Temporall and Ciuile Lawyers, Mint－man, Merchants, Mariners, and all others negotiating in all places of the World,* London. 1622 p. A3. ここでは，1979年の *The English Experience,* Number 940 (W. J. Johnson, Inc.,) を用いた。

7 ) マリーンズは，「神は自然をして，その恵みを数カ国に配分して，1国における若干の物の不足を他国の豊作と蓄えで補い，その結果，交換することによって，1国が他国と共存できるようにした。それ故，取引や貿易が十分に維持され保護される」(*Maintenance.* p. 58) と述べている。

8 ) 拙著　前掲書　4－5頁参照。

9 ) Thomas Mun, *England's Treasure by Forraign Trade. or, The Ballaence of our Forraign Trade is the Rule of our Treasure,* p. 20. 渡辺源次郎訳『外国貿易によるイングランドの財宝』東京大学出版会　1971年　33頁。以下，"*England's Treasure*" と略称する。

10) T. Mun, *The Petition and Remonstrance of the Governor and Company of Merchants of Lonndon, Trading to the East Indies, Exhibited to the Honorable the House of Commons assembled in Parliament. Ann.,* 1628. p. 11. 渡辺源次郎訳　前掲訳に所収　21－22頁。以下，"The Petition" と略称する。

11) *Ibid.,* p. 12. 邦訳　24頁。

12) T. Mun, *England's Treasure,* p. 54. 邦訳　72－73頁。

13) Gottfried von Haberler, *Der Internationale Handel.* 1933. s . 25. 松井清，岡倉伯共訳『国際貿易論』上巻　有斐閣　昭和12年　47頁。

14) T. Mun, *England's Treasure,* p. 73. 邦訳　126頁。

15) 拙著　前掲書　84頁。

16) T. Mun, *England's Traesure,* p. 22. 邦訳　35頁。

17) T. Mun, *A Discourse of Trade, From England unto the East－Indies : Answering to diverse Obiections WHICH are usually made against the*

same, p. 45. 渡辺源次郎訳『イングランドの東インドとの貿易にかんする一論』東京大学出版会　1971年　75頁。
18) 小林　昇『経済学の形成時代』未来社　1974年　221-222頁。
19)「（ジーの書は），イギリス重商主義のいわば正統とも言うべき，経済情勢に対する悲観論＝保護主義であり，われわれの直ちに知るようなデフォーの楽観論＝貿易開放論は，この正統からすれば一つの異端であった」（小林　昇『イギリス重商主義研究（一）』90頁）という捉え方もある。
20) Joshua Gee, *The Trade and Navigation of Great-Britain Considered: Shewing That the surest Way for a Nation to increase in Riches, is to prevent the importation of such Foreign Commodities as may be rais'd at Home. That this Kingdom is capable of raising within itself, and its Colonies, Materials for employing all our Poor in those Manufactures, which we now import from such of our Neighbours who refuse the Admission of ours. Some Account of the Commodities each Country we trade with takes from us, and what we take from them; with Observations on the Balance.* 1738. p. 147.
21) *Ibid.*, title.
22) *Ibid.*, pp. 146-147.
23) *Ibid.*, preface ( x ).
24) *Ibid.*, p. 59.
25) *Ibid.*, p. 75.
26) *Ibid.*, p. 69.
27) *Ibid.*, p. 76.
28) *Ibid.*, preface (ii)

〈著者紹介〉
小林　通（こばやし・とおる）
1945年　長野県柏原生まれ
1975年　日本大学大学院経済学研究科博士後期課程満期退学
1976年　日本大学短期大学部専任扱講師
1986年　　同　　　教授
1992年　ロンドン大学研究所研究員
現　在　日本大学国際関係学部・大学院教授　博士（国際関係）

**主要著書**
『改訂外国貿易論』（単著）高文堂出版社　1991年
『明治の国際化を構築した人々』（共著）多賀出版社　1992年
『M&A成功戦略』（共訳書）産業能率大出版　平成3年
『国際経済の新視点』（単著）時潮社　平成5年
『貿易実務と外国為替』（単著）時潮社　平成8年
『国際分業論前史の研究』（単著）時潮社　平成9年
『現代国際経済システムの原点と構図』（単著）時潮社　平成13年
『東アジア経済圏構想と国際分業』（共著）高文堂出版社　平成18年
　など。
　その他論文多数

## 国際貿易理論小史

2008年11月30日　第1版第1刷　　　　　定価3500円＋税

著　者　　小　林　　通　©
発行人　　相　良　景　行
発行所　　㈲時　潮　社

〒174-0063　東京都板橋区前野町4-62-15
電　話　03-5915-9046
ＦＡＸ　03-5970-4030
郵便振替　00190-7-741179　時潮社
ＵＲＬ　http://www.jichosha.jp
E-mail kikaku@jichosha.jp
印刷所　相良整版印刷　製本所　仲佐製本

乱丁本・落丁本はお取り替えします。
ISBN978-4-7888-0633-7

# 時潮社の本

## 開発政策論
### ミクロ経済政策
#### 稲葉守満著
Ａ５判・箱入り上製・506頁・定価4200円（税別）

過去30年間途上国の開発援助の問題に直接、間接に関わってきた豊富な体験に基づき編み上げた、開発ミクロ論の集大成。「途上国の人々が、人間性を喪失した生活を余儀なくされているとき、開発経済学者はまずこれら問題を解決する実践的処方箋を提示すべきである」と著者は主張する。日大法学部叢書第22巻

## Ａ・シドニーの政体思想
### 自治と反乱の共和主義的政治原理
#### 倉島　隆著
Ａ５判・箱入り上製・276頁・定価3800円（税別）

チャールズ２世の王政復古に抗し反乱を呼びかけた著名な政治家の思想を、解析検証した。思想家か政治家か、民主主義者か貴族主義者か、権力分立論者か伝統的混合政体論者か、著書は反乱目的の文書かそれとも共和制の樹立目的で書いたものか——著者の多角的分析によって、シドニーの実像が浮かび上がる。

## 自由市場とコモンズ
### 環境財政論序説
#### 片山博文著
Ａ５判・上製・216頁・定価3200円（税別）

新たな環境財政原理の導出へ　現代を「自由市場環境主義」と「コモンズ環境主義」という２つの環境主義の対立・相克の時代と捉え、それぞれの環境主義相互の関連を理論的に考察し、コモンズ再建を主軸とした環境財政の原理を提起する。

## 循環的・累積的因果関係論と経済政策
### カルドア、ミュルダールから現代へ
#### 槙　満信著
Ａ５判・並製・208頁・定価3500円（税別）

最近急速に注目を集めている学理——循環的・累積的因果関係論。本書において、カルドア、ミュルダールといった現代経済学者がこの学理を用いて打ち出した分析、政策、またそこにこめられた理念について検討し、国際経済等の現実問題を考えるための１つの視座を投げかける。